"器质"教育探索

余雨生 等 编著

苏州大学出版社

图书在版编目（CIP）数据

"器质"教育探索 / 余雨生等编著. —苏州：苏州大学出版社，2020.12
 ISBN 978-7-5672-3343-0

Ⅰ.①器… Ⅱ.①余… Ⅲ.①中等专业学校-教学研究-衢州 Ⅳ.①G718.3

中国版本图书馆 CIP 数据核字（2020）第 211978 号

书　　名：	"器质"教育探索 "Qizhi" Jiaoyu Tansuo
编　　著：	余雨生　等
责任编辑：	周凯婷
装帧设计：	刘　俊
出版发行：	苏州大学出版社（Soochow University Press）
社　　址：	苏州市十梓街1号　邮编：215006
印　　刷：	苏州市越洋印刷有限公司
邮购热线：	0512-67480030
销售热线：	0512-67481020
开　　本：	700 mm×1 000 mm　1/16　印张：15.75　字数：283千
版　　次：	2020年12月第1版
印　　次：	2020年12月第1次印刷
书　　号：	ISBN 978-7-5672-3343-0
定　　价：	49.00元

若有印装错误，本社负责调换
苏州大学出版社营销部　电话：0512-67481020
苏州大学出版社网址　http：//www.sudapress.com
苏州大学出版社邮箱　sdcbs@suda.edu.cn

前 言
FOREWORD

新时代职业教育发展步入了一个新的时期，作为国家首批中等职业教育改革发展示范校，首批国家级重点的衢州中专，在32年的办学生涯中，不断探索，勇于创新。学校结合"勤而立信，忠以成器"的校训，凝练了"善用器、创造器、成大器"的"器质"教育育人理念，形成"办品质学校，育器质学子"的"器质"教育办学思想。

为展示"器质"教育的研究和实践成果，将余雨生校长提出的"器质"教育理念推向纵深研究和发展，促进学校内涵建设，我们遴选了50多篇与"器质"教育相关的优秀论文、典型案例等，汇编成《"器质"教育探索》一书，供教师学习交流和研究借鉴，以期共享资源，共同进步。

呈现在大家面前的这本书，内容包括人才培养、文化建设、学生管理、教学改革、核心素养等方方面面，虽然在某种程度上还显得不够成熟，但汇集了教师的智慧，凝聚了教师的心血，留下了他们在"器质"教育探索路上的印迹，映现出他们潜心研究、奋进创新的风采。阅览书中一篇篇文稿，能深刻感受到教师们谆谆育人的脉动、伏案撰文的身姿和凝神思索的身影……

"器质"教育造就了一批批儒质教师。教师们的育人理念在悄然地发生变化，一种好的教学习惯正在形成，"器质"教育的理念已深深扎根于教师的心灵，体现在教学行为中。"静下心来教书，潜下心来育人"，教师要沉住气，善于捕捉教育教学中的"火花"，把"器质"教育教学的探索与思考、成败与得失撷取下来，积淀成自己的一笔财富。教书育人，读书育己，写作育世，就是儒雅教师的人生意义和价值。

让思想的火花绽放精彩，让行动的成果积淀希望。愿广大同人继续克难奋进、开拓创新，力争在更广的领域、更深的层面开展教育教学研究和实践，用自己的勤勉和智慧，共同铸造职业教育辉煌的明天，为党育人，为国育才，为时代育匠！

在编辑本书的过程中，余雨生校长主持编写工作并撰写大部分文章，杨宗斌老师担任执行主编，负责全书整体策划、栏目设定、部分文章的撰写及典型案例选取，何全民老师负责组稿。郑志富、何梅艳、姜丽霞、杨虹等多位老师参与编写，蔡文兰副校长对全书进行审稿，张乙龙老师提供了大量图片，在此一并感谢。

当然，书籍在编写中尚有许多不足之处，敬请批评指正。

2020 年 6 月

目 录
CONTENTS

绪言 …………………………………………………………………（001）

史料背景篇

"器质"教育与南孔文化背景关系辨析 ……………………………（005）
走进衢州"两子文化" ………………………………………………（012）
南孔文化基础下的"器质"教育实施 ………………………………（015）

内涵特质篇

基于史籍漫谈"器质"教育的内涵 …………………………………（021）
人有"器"质，"器"有人性 ………………………………………（025）
中职学生良好人格塑造的实践与探索 ………………………………（030）

文化建设篇

关于学校"器"文化建设的思考 ……………………………………（037）
"器"文化的校园建设理解 …………………………………………（040）
学校"器"文化建设实践路径 ………………………………………（046）
浅谈学校文化建设与器物的关系及意义 ……………………………（051）

浅谈"器"文化在中职语文课堂中的实践与研究 …………………（054）

人才培养篇

从总书记选人用人"5字真言"谈企业对人才的"器质"需求 ……（063）
中职学校"红色蓝领"培育探索与实践 ……………………………（065）
基于"供给侧"视角的中职会计人才培养探讨 ……………………（069）
"器质"教育如何适应企业的人才需求——以电商专业为例………（073）
浅谈美术设计人才"器质"培养 ……………………………………（076）
自主发展育人模式在中职德育课的实践 ……………………………（079）

学校管理篇

中职学生核心素养培养从内化体验到外化成长的实践探索 ………（085）
职业教育改革背景下的"器质"教育实践思考 ……………………（092）
在学部建设中有机融入"器"教育 …………………………………（095）
"器质"教育理念引领下的学校创业创新教育实践………………（098）

专业建设篇

"器质"教育理念下电商专业人才培养的方向……………………（103）
"器质"教育之学前教育专业的思考………………………………（106）
基于中职电子商务专业学生"器质"教育发展的初探 ……………（109）
计算机专业学生"器"文化的培养 …………………………………（112）
建两师工作室，育"器质"美术学子 ………………………………（115）
中职数控专业"器质"教育的研究与探索 …………………………（123）
中职市场营销学科核心素养培养的实现途径 ………………………（126）

教学改革篇

中职课堂教学与"器"文化有效融合的实践研究 …………………（133）

"课前秀"在中职旅游专业学生专业课中的设计和运用 …………（138）
"器质"教育在中职旅游专业教学中的渗透 ……………………（143）
基于核心素养的"器质"教育探索 ………………………………（148）
自主发展育人模式在中职德育课的实践 …………………………（153）
"器质"教育在电子商务专业教学中的渗透 ……………………（158）
基于"器质"教育下专业技能教学的探讨 ………………………（160）
教师文化视域下的"器质"教育教学渗透摭谈 …………………（164）

学生管理篇

新时代中职学生干部的"器质"培养 ……………………………（169）
"器"文化在班主任工作中的运用 ………………………………（172）
核心素养理念下中职学前教育专业班主任工作的思考 …………（174）
加强班级文化建设　提升学生核心素养 …………………………（178）
基于中职学生核心素养发展下的班主任工作的创新 ……………（182）
如何在班级管理中巧用"器质"教育 ……………………………（186）

核心素养篇

浅谈"器质"教育与核心素养 ……………………………………（193）
基于核心素养背景下的"器质"教育实践探索 …………………（195）
"器质"教育路径分析——以护理专业为例探讨中职学生核心素养
　　培养路径 ………………………………………………………（201）
基于中职生核心素养的"器质"教育理念应用 …………………（205）
"器质"时代下的中职学生核心素养发展碎谈 …………………（208）

典型案例篇

善用校园电视台推进"器质"教育 ………………………………（213）
工业设计有成绩　精雕细琢始成器——首届全国"最美中职生标兵"
　　毕家盛成"器"之路 …………………………………………（216）
创造"器"教育模式的构建与实践 ………………………………（219）
运用"器质"教育引领中职学生成长 ……………………………（225）

成大"器":他们在衢州中专实现人生逆袭 …………………………（230）
梦圆名校成"皓"器 ……………………………………………（235）
雄才不问出身,凡生可成大"器" ………………………………（237）
筑梦成"器"当林魂 ……………………………………………（240）

参考文献 …………………………………………………………（242）

绪 言

习近平总书记在党的十九大报告中指出:"文化是一个国家、一个民族的灵魂。文化兴国运兴,文化强民族强。"文化能为人民提供坚强的思想保证、强大的精神力量、丰润的道德滋养,必须不断加强文化建设。文化是一所学校的根和魂,是人才培养的重要载体和基本要素,是学校个性魅力与综合办学水平的重要体现,更是学校培养适应时代要求的高素质人才的内在需要。学校文化的核心是精神文化,职业学校应该培养什么样的人,是值得每个校长都思考的问题。

笔者在担任衢州中专校长后,进行了深入的思考,从职业教育特点、学校地域特征和学校历史传承出发,创新性地提炼了以"器"为特质的学校文化,进而提出"器质"教育办学理念。笔者认为,任何教育类型,究其本源,就是使教育对象处理好三个关系:一是人与自然的关系,二是人与社会的关系,三是人与工具的关系,帮助教育对象实现从自然人、学校人向社会人、职业人的转变。对于职业教育而言,教育学生正确处理好人与工具的关系是完成这一使命的关键点。工具即"器"。《说文解字》中对"器"字这样解释:"器,皿也。"意思是器具、工具,因为器具都能容纳物品,是有用之物,所以"器"也引申为才华和能力。结合金庸先生为我校题写的"勤而立信,忠以成器"的校训,笔者指向性地提炼了"善用器、创造器、成大器"的学校"器"文化,让校园文化与核心素养培育工作同频共振。

1. 善用器

工欲善其事,必先利其器。所谓"君子生非异也,善假于物也"。善用"器"是指学生对专业工具的使用、专业机器的操作、信息化工具的使用等达到熟练的程度。中等职业学校要培养具有综合职业能力,在生产、服务一线工作的高素质劳动者和技能型人才。其中,引导学生处理好人与工具的关系、学会正确地使用工具是基础,即善用"器"。这个工具既包括有形的工具，如机床、画笔、仪器等，也包括无形的工具，即获取知识的工具和方法，如搜索引擎、手机App等。

2. 创造器

创造"器"是指学生对材料、工艺、技术、设备的革新，产品的制作，流程的优化，小发明小创造，等等。立足中职生的学情特点，笔者提出的创造"器"包含两层含义：一方面，指学生通过三年的在校学习，能够拿出自己的作品，作品可以是一篇习作、一支舞蹈、一套服装、一个零件，也可以是一场画展、一次演出、一项专利、一本证书等；另一方面，指学生在学校的职业教育和文化熏陶下，形成自己学习、生活、工作的经验和方法，助力学生个性发展、创新发展，真正做到人人出彩、各领风骚。

3. 成大器

《易经》云："行而上者谓之道，行而下者谓之器。"道、器相依，没有器，无以载道，而无道，则不成器。成大"器"则从物质层面上升到精神层面，学生通过"器质"教育的洗礼，既学好知识和技能，更懂得"兼容并包，有容乃大"，拥有"向上向善成大器"的人生追求和远大理想，拥有忠家爱国的价值情怀，成长为具备适应终身发展和社会发展需要的必备品格和关键能力的有用人才。

通过文化创新和理念创新，学校的培养目标浑然天成，"善用器、创造器"是对蓝领工匠的技术期盼，"成大器"则是对红色接班人的政治要求。

而今，"器质"教育已成为衢州中专的响亮品牌。学校形成了器宇高雅的理念文化、器重落地的制度文化、器物呈现的环境文化和铸就器能的行为文化的基本架构，丰富了"器质"教育理念体系。2019年8月7日，四方一圆的"器质"教育LOGO在国家知识产权局获得商标注册认证，在教育、教学、培训、出版和娱乐竞赛等方面取得了特许使用权，学校还申报了全国职业院校校园文化50强。办品质学校、育"器质"学子在师生中已经形成高度共识，成为共同愿景，探索"器质"教育、践行"器质"教育也成为全校师生的一致行动。

衢州中专的"器质"教育还在不断探索之中。未来，学校将进一步挖掘"器"文化的厚重内涵，深入开展"器质"教育实践，将"器质"元素植入学生培养的方方面面，培养一代代"善用器、创造器、成大器"的"器质"学子。

史料背景篇

学校校训

"器质"教育与南孔文化背景关系辨析

当"南孔圣地，衢州有礼"的宣传口号响彻大江南北时，衢州便拥有了独特的城市定位和深厚的人文底蕴。衢州作为孔氏南宗家庙所在地，南孔文化已经以此为中心，向浙、闽、赣、皖四省边际及整个长三角地区迅速辐射，肥沃的文化土壤，培育出了一系列推动时代发展的先进思想和超前理念，创造了区域教育、文化、经济等领域令人瞩目的非凡成就。

在南孔文化浸润的这方土地上，以衢州中专为代表的职业教育蓬勃发展，形成了极具南孔特色的教育理念与校园文化。子曰："有教无类。"多年来，衢州中专践行"全纳教育"育人理念，即接纳一切学生，接纳学生的一切，把学生的缺点当特点看，从最后一名学生抓起。在继往开来的发展实践中，"全纳教育"理念得到不断完善，及至余雨生校长，学校创造性地提出"办品质学校，育'器'质学子"的办学思想，即学生不仅要招得进，还要留得住，更要学得好，成为"勤学勤思立常志，向上向善成大器"的"大器"之才。

作为南孔文化发源地，衢州中专的"器质"教育思想以推动职业教育改革与发展为目标，以探索中职学生核心素养培育的有效实践为导向，逐步形成了鲜明的四大内涵：坚持以立德树人为根本，强化忠家爱国，锤炼道德情操，培养高尚的价值情怀；以身心健康为基础，修身健体，培育健康心理，养成良好的生活习惯；以工匠精神为核心，强化专业技能，加强社会实践，培植勤劳精技的从业态度；以持续发展为目标，注重全面发展，加强生涯规划，树立向上向善的人生追求。

"器质"教育的四大基本内涵，深深地扎根于南孔文化，透过近千年的历史长河，依然可以清晰地触摸到那厚重的精神脊梁，这是绿叶与根的深情对话。

一、南孔史实饱含忠家爱国的价值情怀——铸忠器

孔氏南宗家庙的诞生与延绵近千年的发展史实,其实就是一部可歌可泣、饱含家国情怀的"忠器"长卷。

1. 在战乱中随国南迁,忠家爱国御赐衢州

根据中国孔庙保护协会理事张晓旭在《中国孔庙研究专辑》中的统计,目前我国现存保护完好,或有遗址、遗迹可寻的孔庙,有近200处。不仅数量众多,名称也不尽相同,有的叫文庙,有的叫夫子庙,还有的叫至圣庙、文宣王庙等。不过根据性质大体可以分为三种:国庙、学庙和家庙。国庙,顾名思义,是朝廷官府祭祀孔子的场所;学庙,则主要是各地学人祭祀孔子和其他儒家代表人物的场所;而家庙,则被一些学者认为是孔世宗子进行家祭的场所,所以,全国仅有两处:北在山东曲阜,南在浙江衢州。

建炎二年(1128),金兵大举南下,宋高宗赵构南逃,孔子第48代嫡孙孔端友应诏,背负着孔子弟子子贡雕刻的"孔子及亓官夫人楷木像"等传家珍宝,率领部分近支族人随驾南渡。次年,宋高宗因孔端友等人扈跸有功,赐家衢州。从此,孔氏宗子就在衢州安家落户。孔端友成为孔氏南宗始祖。算上孔端友,南宋朝廷先后共封了5位南宗"衍圣公"。

2. 在朝代更迭中放弃荣华,"孔洙让爵"恪守家园

宋亡元立,至元十九年(1282),元世祖诏令江南衍圣公入觐,命归曲阜袭封。孔子第53世宗子(南宗6世)孔洙袭衍圣公爵,掌管全族事务。孔洙虽奉诏上京,却拒绝了爵位。据《明武宗实录》记载,孔洙以南宗历代先祖的坟冢都在衢州,难以离弃,况曲阜子孙守护先茔,有功于祖,表示自己愿意让出"衍圣公"爵位。这就是造成孔氏南宗重大转折的"孔洙让爵",也被传为一段恪守家园、念及故国的佳话。因此,孔洙获得元世祖"宁违荣而不违亲,真圣人后"的盛赞,从此以后,孔氏南宗虽走向衰落,但"真圣人"的气节永存。

二、南孔形象倡导修身健体的生活习惯——琢美器

跨越近千年,南孔形象在与时俱进中焕发出勃勃生机,延伸出更富时代气息的习惯导向,华丽转身为倡导修身健体生活习惯的文化符号,成为全国"最美"现象发源地,"琢美器"已然成为南孔形象新的意义。

1. 南孔形象是城市美的代言

文化是一座城市的独特印记,也是凝聚人心、增强自信的源泉。在当

今互联网时代发展的新阶段，文化正在成为地区经济发展的产业支撑，成为促进经济社会发展的催化剂，衢州市以"南孔圣地·衢州有礼"为城市品牌，不仅深刻揭示了衢州市文化之根与文化之魂，同时也得到了市内外的广泛好评。因此，弘扬"南孔圣地·衢州有礼"的城市品牌，推动"南孔文化重重落地"，这不仅是全面落实习近平总书记指示精神的具体行动，也是衢州加快绿色发展、转型升级和城市赋能的重大举措。

首先，"衢州有礼"取材于南孔文化这个根，来自儒学文化这个源。有源自有活水来，这也是衢城之灵气与大气所在。其次，"衢州有礼"有十分丰富的内涵。这个"礼"既包含礼法、礼俗、礼教，也包括城市形象、市民素质、乡村民风、城市文明与城市品位等，或者说是社会主义核心价值观的衢州样本。再次，"衢州有礼"有良好的群众基础。近年来衢州市涌现出的最美教师、最美医生、最美警察、最美爷爷，已经组成了"最美衢州人"系列走出衢州、走进央视，让人看到了"衢州有礼"下的"衢州有爱"，南孔形象已然成为一座城市美的代言。

2. 南孔形象是修身美的代表

孔氏南渡以后，继承和发扬孔氏家族深厚的宗族文化，以诗书礼义育人。孔氏南宗家塾由南宋初年的私学，到南宋后期的思鲁堂，直至明清时期的家塾、书院和清末民初的近代学校，呈现出随时代变迁而不断演进的历程。衢州孔氏的积极作为，使衢州成为"南州之洙泗"，吸引了众多学者、文人。徽州孔氏诗书不辍，推动了儒学在南方地区的发展，形成了"自北而南意已通"的文化脉络，舒顿的《赠孔学教克焕》将这种现象盛赞为"至今犹是鲁儒风"。可见，衢州孔氏及其他南宗各支派对当地社会发展与文明教化所起的积极作用，汇聚成孔氏南宗的整体合力，对江南社会文化的演进产生了既广又深的影响。

如今，遍布衢州城区免费开放的"南孔书屋"引领着阅读修身的潮流；遍及衢州及周边大、中小学校园的孔子像引导着莘莘学子修身齐家治国平天下的鸿鹄之志。还有由南宗孔庙管理委员会牵头的中小学生《论语》学习辩论赛、儒学校园剧大赛、合唱赛等丰富多彩的校园文化活动，无不彰显着南孔形象对"修身美"的郑重诠释。

3. 南孔形象是运动美的代称

2018 年 4 月 21 日，"南孔胜地，衢州有礼"2018 年衢州市第三届城市地标定向赛举行，440 余名选手参与了本次活动；2018 年 7 月 15 日，"南孔杯"中国·衢州羽毛球精英赛开赛，曾先后培养出林丹、鲍春来等世界冠军,现任中国羽毛球国家队顾问钟波来了,羽毛球世界冠军桑洋、汪鑫、邱子瀚来了,羽毛球国家青年队的精英们也都来了;2018年10月27日,"南孔胜地,衢州有礼"中国皮划艇巡回赛(衢州站)开幕,吸引了来自天津、杭州、成都、香港、台湾等地区近200人报名参加;2018年12月9日上午,"南孔胜地,衢州有礼"衢州马拉松在风雨交加中激情开跑,本次比赛共有全程马拉松选手1 902人、半程马拉松选手3 476人、迷你跑选手4 274人……短短2018年一年的时间里,就有近十项有一定影响力的体育赛事开启。随着全民健身热的来临,南孔形象正成为"运动美"的代称。

三、南孔文化孕育勤劳精技的从业态度——磨利器

1. 南孔后人成就勤劳精技之典范

孔氏南宗自南宋以后绵延不断,治学者成就斐然,逐步形成为浙江儒学的传播中心。如南宋时期,有孔传、孔萃夫、孔元龙、孔应得等,其关于儒学的著作达22部之多。其中孔传《后六帖》三十卷入编《四库全书》,与白居易《白六帖》合编为《白孔六帖》。又有《东家杂记》二卷,诚为南孔之重要史料。又如孔元龙《洙泗言学》四十章,使学人知孔学源流。另外,尚有孔端朝的《续阙里世系》,孔端问的《沂川集》,孔行可的《景从集》,孔元龙的《诲忠集》《论语集说》《鲁樵集》,孔拱的《锡山草堂集》《习经》,孔应得的《家谱正误》,孔洙的《承斋集》,等等,皆为传播儒学、弘扬家门之作。

扈从宋高宗南渡的孔氏族人多有"豪杰"之士。孔传之子孔端隐是其中的重要代表,他认为:"读圣贤书,所学何事?国家惨变,闻者寒心,凡稍知大义者咸思仗剑以从王事。礼义由贤者出,况吾孔氏子孙乎?"[1] 言辞之激昂,行为之慷慨,千载之下犹令人奋起。的确,南渡族人无不心忧天下,积极有为,孔端友、孔端朝、孔端隐等南宗族人,都积极实践儒家政治思想,恪尽职守,深得人心,如孔端隐病逝于江苏句容时,当地百姓悲痛万分,士民如丧考妣,哀号不已,特立"去思碑"以志纪念。孔氏南宗历史上涌现出了众多经世济民之才,孔应得、孔洙、孔克仁、孔贞时、孔贞运、孔庆仪等影响较大,其中《明史》有传的就有孔克仁、孔贞运等。国家太平之时,他们注重教养,体贴民情,致力于改善和淳化士风、民风;

---

[1] 吴锡标,刘小成:《儒风浩荡:孔氏南宗与江南社会文化》,北京:商务印书馆,2016年,第103页。

社稷危亡之际，他们殚精竭虑，希图通过自己的努力有补于时。

现如今，步入耄耋之年的孔子第 75 代嫡孙孔祥楷仍然是孔氏南宗家庙的主心骨，他创新提出并主理的"现代人祭孔大典"屡上央视直播，在海内外颇有声誉。他还出版专著，组建孔府文学社、孔府书画社、孔府印社、孔府诗社、孔府摄影社、孔府艺术团等各种社团，助力中国儒学馆建设等，勤劳精技的从业态度在这位"中国历史上最后一位南宗孔庙奉祀官"身上体现得淋漓尽致。

2. 南孔文化助力传统地方技术产业之崛起

衢州民风淳朴，深受儒学浸染，自古以来勤劳尚技，开创了较为繁荣的传统地方技术产业。截至 2018 年，国家、省、市三级非物质文化遗产项目达 300 余项，省级非遗代表性传承人数量达到 93 名。众多传统地方技术产业曾一度没落，随着衢州"南孔圣地，衢州有礼"城市品牌的建立，一大批传统技术产业重新崛起。

如，南孔落户衢州后，带来当时北方先进的制瓷技艺，再加上南宋朝廷不断供应上等瓷器给南孔使用，完成南北制瓷技艺大交流。从此兼容南北制瓷工艺的衢州白瓷得到较快发展，至明代永乐年间已自成一体，成为当时的名窑。

可是由于衢州白瓷制作工艺独特，配方、工艺保密甚严，几乎没有发现文字记载，民间做法一般是父传子承，最后因朝代兴衰，战乱纷起，衢州白瓷断代失传，民间只能烧制粗瓷物件。

后在以"南孔"文化为代表的传统文化不断优化的大环境中，衢州匠人们终于克难攻坚，克服了种种难题，当薄如锦、洁如玉、滑如脂、明如莹的衢州莹白瓷再次出现在人们视野中的时候，顿时惊艳世界，衢州白瓷先后在美国的路易斯安娜世界博览会、瑞士的巴塞尔国际博览会及日本东京的亚太地区博览会上，引起轰动。2010 年 7 月 13 日，原国家质检总局批准对"衢州莹白瓷"实施地理标志产品保护。

除了莹白瓷外，近年来通过文化遗产的抢修、保护和开发，衢州市"古老"产业焕发"新姿"，初步形成了特种纸、根雕、黄玉、陶瓷、观赏石五大历史经典产业集群。

四、南孔精神激励向上向善的人生追求——成大器

纵观南孔发展史，它所蕴含的精神绝不仅仅是传统儒家学派的仁德精神，而是在这期间历经战乱、兴衰，所逐步积淀为更接地气，更坚强的南

孔精神——谦逊、明礼、和谐、仁爱、孝道、重学、求真、百折不挠、奋发向上……这是一种向上向善"成大器"的精神。

1. 历史上的南孔百折不挠

从建炎二年（1128），随宋高宗赵构南迁，因孔端友等人扈跸有功，赐家衢州，到造成孔氏南宗重大转折的"孔洙让爵"，从此以后，曲阜之后世袭为公，而嫡派之在衢州者遂无禄，孔氏南宗走向衰落，平凡度日两百余年，子孙益多，庙乏主祀，衣冠祭仪，混同流俗。

走向衰落、进入低谷的南孔人并没有放弃向上向善成大器的追求，而是自衍圣公孔洙让爵后，开始走向社会，以衢州为中心，在江南诸省传播儒学。仅元朝就有孔氏后裔22人出任学官，7人专任或兼任书院山长。北宋时，衢州只有5家书院，南宋时一下子增设12所，总数达17所。不管是数量还是书院的知名度，都在全国名列前茅。

一时间，阳明学派、象山学派、永嘉学派、永康学派涌现，出现诸如朱熹（南宋江西婺源）、吕祖谦（南宋浙江金华）、王阳明（明浙江余姚）、陆九渊（南宋江西贵溪）、黄宗羲（明清之际浙江余姚）、叶适（南宋浙江永嘉）、陈亮（南宋浙江永康）、徐存（北宋浙江江山）、陈确（明清之际浙江海宁）、朱瞬水（明清之际浙江余姚）等人。如果把这些名字全部标上地图，以衢州为核心画一个圆，半径正好是300千米。在这样一个小小的范围里，一下子涌现出了如此众多的学派、思想家、儒学家，各有建树，又自成体系，真是蔚为壮观。

南宋至元，曾推选历代名儒共29名，并为他们立传。这29位名儒中，竟有20位出生于衢州周围的300千米半径之内。

宋代4位大儒：朱熹、吕祖谦、陆九渊、张拭，有三位在300千米半径之内。其中，朱熹和吕祖谦的家乡婺源和金华就一南一北紧贴衢州。

2. 当下的南孔琢玉成器

20世纪80年代末至90年代初，衢州从金华分离出来，升级为省辖地级市，而"名气不大"一度成为困扰衢州发展的因素，要想做大衢州的名气，举措之一，就是打好"南孔"牌，1999年，已过耳顺之年的孔祥楷，全身心投入孔氏南宗家庙管理委员会的工作中来。应衢州各界要求，他开始筹划中华人民共和国成立后孔氏南宗家庙最盛大的活动——祭孔。各界商议决定，在2004年，也就是孔子2555周年诞辰时，恢复衢州的南宗祭孔典礼。

山东曲阜的祭孔典礼，参照宋、明等历代祭孔的古法来设计。台北祭孔典礼，则依"三献古礼"。而南宗祭孔创新地提出了"现代人祭孔"的思路，强调一个问题：谁来祭孔？我们！我们是谁？当代人！清朝人肯定不会用明朝人的方式祭孔。一个时代有一个时代祭祀的方式。

自此，每年的9月28日，孔氏南宗家庙都会举办这种独具特色的祭孔典礼，并致力于平民化祭孔，参祭的主体，不只是公务员，而是根据每年的主题，面向不同群体：乡村教师、白衣天使、残障学生、环卫工人等。经过中央电视台的几次直播，衢州的南宗祭孔，有了一定的知名度，2011年入选第三批国家级非物质文化遗产名录后，每年孔子诞辰日的南宗祭孔典礼，更成了衢州的一张闪亮名片。

从独具文化内涵的南宗祭孔，到以"南孔"为名片的城市文化与开发，如今的"南孔精神"已是激励一个城市、一个地区各个领域向上向善成大器的一面旗帜。

孔氏南宗文化是孔氏文化在不同历史条件和环境下与江南文化不断融合、创新与发展的产物。独特的历史环境、独特的地理环境、独特的文化底蕴三者在衢州这方热土上碰撞出绚丽的火花。依托南孔文化丰富而又厚重的底蕴，"器质"教育在衢州被提出，必将和南孔文化一样，辐射和影响更宽广的地域，产生积极的社会效益。

走进衢州"两子文化"

学生发展核心素养,主要是指学生应具备的,能够适应终身发展和社会发展需要的必备品格和关键能力,核心素养是关于学生知识、技能、情感、态度、价值观等多方面要求的综合表现;是每一名学生获得成功生活、适应个人终身发展和社会发展都需要的、不可或缺的共同素养;其发展是一个持续终身的过程,可教可学,最初在家庭和学校中培养,随后在一生中不断完善。人文底蕴是学生核心素养发展的一个重要内容,而文化传承与理解是增强人文底蕴的一个重要组成部分。

文化传承与理解是指学生在语文学习中,能继承中华优秀传统文化,理解、借鉴不同民族和地区文化的能力,以及在语文学习过程中表现出来的文化视野、文化自觉的意识和文化自信的态度。实现文化的传承与理解是语文核心素养的重要组成部分,也是学生语文素养形成和发展的重要表征之一。

"孔子"和"棋子"文化是衢州的特色文化,"两子"文化有很深的内涵,走进衢州"两子文化",能不断提高学生语文核心素养的文化传承与理解能力。

一、了解"两子"文化由来,传承文化精髓

衢州孔庙,是与山东曲阜孔庙并列的全国两所孔氏家庙之一,向来有"南宗圣地"之称。北宋末年,金兵南侵,孔氏嫡系在孔子第48代孙孔端友的率领下迁居衢州,并在此建立家庙。自此,子孙绵延,衢州成了孔氏的第二家乡——"东南阙里"。烂柯山因樵夫王质观棋遇仙的传说而跻身全国名山之列,同时也让烂柯山与围棋结下了深厚的情缘。烂柯山因棋而名,因棋而兴,衢州因孔子、围棋而闻名。

1. 自主课堂

教育家梅纽因说过:"学生的动力首先还得来自学生,这一动力正是我

们必须从他们身上去发掘的。"[1] 学生自主参与学习活动，成为学习的主体，能自主获取知识、发展技能、发展个性，这就是素质教育追求的目标。教师采用任务驱动法教学，把课堂还给学生，打破原来的传统教学模式，开启微课教学，学生自主完成对"两子"文化的简单了解，以小组为单位，自行完成PPT的制作，在课堂上展示成果，学生在成果的展示中了解到"两子"文化的内容。

2. 诵读《论语》

"子曰：有朋自远方来，不亦说乎？"琅琅的论语诵读声不绝如缕。开展《论语》诵读比赛，陶冶了学生情操。"敦品励学""敬业重道""有教无类""学而"讲堂，习习儒风在感染着一批又一批衢州学子的同时，家乡历史和文化涵养带来的厚重文化，也让学生对于本土文化有了更深的了解，把家国情怀浸润于学校的育人过程，更为衢州学子开启了礼雅之路。

《论语》的文字之精练，思想之博大，意境之深远，感情之豪放，韵律之优美，让学生充分感受儒学的魅力。在诵读中，学生可以和孔子对话，如同耳濡目染孔子的谆谆教诲，不断提高自身的思想境界和语文素养。

3. 学习围棋精神

围棋是几千年来中华民族智慧的结晶，是优秀的传统文化遗产。黑白之间，纵横之中，蕴含着丰富的哲学思想，如大小、先后、攻守、得失、生死、厚薄、奇正、动静、虚实等都是基于中国古典哲学的辩证思考，充满对立统一的辩证关系，体现了我们先人伟大的思想和智慧。围棋精神在本质上是一种博弈精神、超越自我的精神。

生活无处不竞争，只有超越自我才能让自己更加优秀。校园里，课堂上，小组竞赛、学科竞赛、学生会竞聘等都是超越自我的舞台；教师开展辩论赛、演讲比赛、作文比赛等，以比赛促学习，以比赛等形式培养学生博弈的精神。

二、鉴赏"两子"古诗文，理解传统文化内涵

1. 合理利用教材

利用教材里的《论语》章节，鉴赏《论语》片段，体会儒学文化。如《子路曾皙冉有公西华侍坐》，从孔子与四弟子的对话中感受孔子的"有教无类""因材施教"的教育思想，体会孔子追求"人与自然和谐"的治国理

---

[1] 任玉玲：《挖掘教材　深入进行素质教育》，《陕西教育（教学版）》，2008年第5期。

想。语段中，子路直爽，敢作敢为，致力于治政强国；冉有谦虚谨慎，说话很有分寸，致力于治理国家的经济生活；公西华谦恭有礼，说话委婉，娴于辞令，致力于治理国家的礼乐教化；曾晳懂礼爱乐，洒脱高雅，卓尔不群，以礼治国。这些人物性格个个鲜活，跃然纸上。

2. 开发校本教材

2015 年，团队编写三衢儒风系列校本教材（《三衢儒风之民俗篇》《三衢儒风之名人篇》《三衢儒风之名胜篇》）等，每周开设"跟我学论语""跟我学围棋"等"两子"选修课程。三衢儒风系列课程深受学生的欢迎，学生在选修课程中习得衢州儒学的特色，不仅提高了文化底蕴，而且拓宽了视野。

三、开展"两子"拓展活动，弘扬传统文化

1. 开展儒学辩论赛

"以文化人，以物载文"，儒学是衢州的传统，作为南孔圣地，儒家文化对衢州有着非同寻常的意义。开展儒学辩论赛，传承经典，在辩论中，深入理解儒学的内涵，理解儒家学说在现代社会中的碰撞。如辩题"正方：食无求饱，居无求安；反方：食求精，居求美"，学生在辩论中体会精神和物质在人们心中的地位，辩论中的唇枪舌剑既锻炼了学生的思辨能力，也锻炼了学生的学习能力。儒学辩论给学生的心里播种下一枚乡情的种子，也让儒学根植于学生的意识中。

2. 开展儒学校园情景剧

千百年来，浩浩儒风一直浸润着古城衢州的每一个角落，为了更好地传承儒学文化，利用情景剧的形式，以校园生活为主题，学生自编自导自演学习生活中的文明现象，对校园日常生活中的言行举止进行反思，对发生在身边的美德故事进行歌颂，寓文明教育于戏剧表演之中，用行动诠释儒学内涵，他们在小品演绎的同时得到一次次心灵的洗礼。

走进衢州本土文化，利用"两子"文化，开展系列活动，借助语言文字，体会中华文化的博大精深、源远流长，继承中华优秀传统文化，理解并认同中华文化，形成热爱中华文化的感情，提高道德修养，增强文化自信；初步形成对个人与国家、个人与社会、个人与自然关系的思考和认识，树立积极向上的人生理想，增强为民族振兴而努力的使命感和社会责任感。

南孔文化基础下的"器质"教育实施

2014年3月，中华人民共和国教育部发布了《教育部关于全面深化课程改革，落实立德树人根本任务的意见》（以下简称《意见》），《意见》对"培养怎样的人，怎样培养人"等问题有比较详细的阐述，明确提出"要根据学生的成长规律和社会对人才的需求，把对学生德智体美全面发展总体要求和社会主义核心价值观的有关内容具体化、细化"，要研究制定学生发展核心素养体系，"明确学生应具备的适应终身发展和社会发展需要的必备品格和关键能力，突出强调个人修养、社会关爱、家国情怀，更加注重自主发展、合作参与、创新实践"。将学生发展核心素养体系的构建当成是提升和深化课程改革的关键内容，"把核心素养和学业质量要求落实到各学科教学中"。

儒学文化，"沁"城而来。衢州，素有"四省通衢"之称，既是国家历史文化名城，又是"南孔文化"传播和发展的策源地，具备孔子文化研究的先天优势。在南孔圣地，于有形与无形中，处处能感受到衢州儒学文化已深入民间，浸润城市的每一个角落。衢州中等专业学校就坐落在衢州西区，近年来，学校在"全纳教育""春风化雨般接纳所有学生"的教育理念下，在校长余雨生提出的"有职教特色、地域特征和学校特质"的学生核心素养发展观点下，遵循"内涵本土化、载体阵地化、成效可视化"的思路，积极探索中职学生核心素养培育的理念、载体、保障和评价，创造性地提出"办品质学校，育'器质'学子"的办学思想，让学生成为"勤学勤思立常志，向上向善成大器"的"大器"之才。构建"内化体验到外化成长"，打造出了符合当前中职学生核心素养培育要求的，具有"职教特色、地域特征、学校特质"的学生"器质"教育培育样本，已经取得初步成效，并在全省产生了一定的影响力。

一、衢州的南孔文化

南孔是孔学的延续、传承和创新,有着独特的文化内涵。南孔的文化内容在一定程度上体现了儒家的思想与理论,是儒家的思想与理论的延续,在迁徙与传承过程中,结合历史和地方实际,又有了创新与发展。

南孔与衢州的历史渊源,是伴随着孔宗南迁,定居衢州而形成的。南孔与衢州之间的关系,表现在两个层面上:其一,以衢州家庙、衢州孔府、衢州花园为主体的衢州孔庙等物质形态为其代表;其二,以朱熹、张拭、吕祖谦、陆九渊为代表的南孔文化等精神内涵为其代表。南孔与衢州,已经从物质形态和精神内涵两个层面进行了完美融合。

二、中职学生的核心素养

"核心素养"指学生应具备的适应终身发展和社会发展需要的必备品格和关键能力,突出强调个人修养、社会关爱、家国情怀,更加注重自主发展、合作参与、创新实践。学生核心素养是党的教育方针的具体化,是连接宏观教育理念、培养目标与具体教育教学实践的中间环节,也是一种教育模式。党的教育方针通过核心素养这一桥梁,可以转化为教育教学实践可用的、教育工作者易于理解的具体要求,明确学生应具备的必备品格和关键能力,从中观层面深入回答"立什么德、树什么人"的根本问题,引领课程改革和育人模式变革。"中国学生发展核心素养"共分为文化基础、自主发展、社会参与三个方面,综合表现为人文底蕴、科学精神、学会学习、健康生活、责任担当、实践创新六大素养,具体细化为国家认同等18个基本要点。而"强调文化的传承与发展,把核心素养植根于中华民族的文化历史土壤"正是学校在培养和发展核心素养的具体操作实施过程中需要把握的三项基本原则之一。

三、南孔文化下的中职学生核心素养培养

1. 学习研究南孔文化及其影响力

孔子一生好学不倦,他不仅是伟大的思想家、教育家,也是一位杰出的音乐家,他善唱歌懂作曲,《史记》中说孔子曾对鲁大师说作曲之道,曾"正乐",经他整理《诗经》音乐才"雅颂各得其所"。浙江衢州,存有宋时规制的孔氏南宗家庙,是中国儒家文化的两大圣地之一,被誉为南孔圣地,与山东曲阜的孔氏家庙并存于世。有人曾戏言,"曲阜有庙没有人,台

北有人没有庙，衢州有庙有人"。如今这是不少以孔氏南宗文化为自豪的衢州人，最喜欢向外人津津乐道的事情之一。1993 年，陈云汉的课题"南孔与儒家文化"，被浙江省社科规划领导小组列为浙江省社科规划重点课题，以此为标志，衢州学术界开始对南孔文化进行系统的理论研究。孔氏南宗家庙对江南地区教育界的影响极其深远，特别是孔氏后人在衢州地区长期办学、教学，令衢州地区尊师重教之风盛行，延及今日。

孔氏南宗家庙的"掌门人"——孔子第 75 世嫡长孙孔祥楷先生，创作有 20 余首歌曲（有的配曲，有的作词作曲）。如《东南阙里》《雨燕》《蜀道难》《鸽群》《大同颂》等，天津著名音乐人杜克曾评价："孔爷的音乐真的是很棒！大、雅、高品位！不受当今中国创作歌曲之俗风的干扰"，"像《大同颂》《静夜思》等代表中国儒家文化、古代文化和艺术的歌曲应该是全国'满天飞'的。而涉及这种题材的音乐作品到现在，国内大的媒体也是空白"。南宗祭孔典礼自 2004 年 9 月 28 日在衢州举行以来，在国内外都已颇具影响。历年祭祀典礼上所用的背景音乐都是孔祥楷先生的作品。

2. 借助衢州南孔文化，培养学生核心素养

近年来衢州将传统文化教育与公民思想道德教育相结合，大力弘扬儒学文化精华，将儒学文化列入部分中小学生必修课。连续十年开展建设学习型城市活动，以"读书周""全面学习日"活动、人文大讲堂、百姓讲坛等活动为载体，力促全民学习，形成"人人爱读书、满城飘书香"的氛围。

伴随着《大同颂》祭孔乐章悠远飘扬，衢州的儒学走出庙堂、走向大众。衢州市委、市政府坚持不懈地抓道德建设，将"仁爱、民本、诚信、正义、和合、大同"儒家学风与社会主义核心价值观相融相通，教化于民，"最美"逐渐成为衢州人共同的价值选择。

衢州各中小学校也将南孔文化融入了校园生活，不仅在校园里立了孔子的塑像，而且将孔府的许多音乐带入了课堂。我校更是不仅在音乐课上欣赏学唱南孔家庙的这些音乐，而且对其进行讲解分析，进一步从这些音乐作品中学习音乐知识，培养技能，发展音乐素养，同时又能学儒学，感受南孔文化。因此，中职学校完全可以通过把《大同颂》等衢州孔府家庙创作的音乐作品，纳入和开发到中职学校的教学教材之中，以此来推动学生核心素养的发展。

3. 结合衢州南孔文化，创建"器质"教育成果

衢州的"南孔文化"传承了洙泗遗风，对南宋书院的发展产生了重大影响，这种影响既有外在的，也有内在的。南宗族人在教育方面的作为对

书院的影响是外在的，衢州孔氏家庙所蕴含的文化内涵对书院的影响是内在的。南孔文化内容突出表现在南宗祭祀、南宗建筑、南孔研究及南孔文化的传承与创新等方面。

衢州中等专业学校在南孔儒风沐浴下办学，经过多年探索与实践，认识到中职学生核心素养是一种适应终身发展和社会发展需要的必备品格和关键能力的素养，要符合地域特征和学校特质的文化传承，通过对地域文化的"深耕"，实践出既符合衢州城市特征又贴合学校教育特色的文化主题——器。"器"文化内涵包括四个方面：坚持以立德树人为根本，强化忠家爱国，锤炼道德情操，培养高尚的价值情怀；以身心健康为基础，修身健体，培育健康心理，养成良好的生活习惯；以工匠精神为核心，强化专业技能，加强社会实践，培植勤劳精技的从业态度；以持续发展为目标，注重全面发展，加强生涯规划，树立向上向善的人生追求。这与学校学生核心素养内涵的四个方面相互契合，相互融通。四个方面既代表衢州中专学生的核心素养，也是"器"文化忠家爱国、修身健体、勤劳精技、向上向善的内涵所在，四者有机联系、缺一不可，方圆结合，体现教育的基本规律。

教育，应当引导和帮助学生处理好人与自然、人与社会、人与工具（器）的关系，实现从自然人、学校人向社会人、职业人的转变。而人与工具（器）的关系是职业学校和其学生之间最为凸显的共同的意义空间，只有将这一共同的意义空间建好，职业学校与其学生之间才能建立信任感、产生认同感，从而实现共同发展。

探索构建中职学生核心素养的培养机制，需要学校不断地摸索创新。中小学生正处于"可塑造期"，在中央不断加快推动现代教育的前提下，学校应该探索结合当地特色环境，将学生素养培养方式和其培养体制进行改革，注重其品格养成和关键能力的提升，促进学生的审美情趣、感性能力和人文情怀的稳定发展。只有这样，才能找到既彰显地方特点，又更适合学生核心素养培养的核心思想。

内涵特质篇

基于史籍漫谈"器质"教育的内涵

一、史籍中的"器质"出处

笔者通过查询史籍,一共发现四种文献中出现"器质"一词,分别是唐代李延寿的《南史·柳元景传》、唐代韩愈的《举钱徽自代状》、宋代王安石的《祭欧阳文忠公文》和清代康有为的《大同书》。

(一)唐代李延寿《南史·柳元景传》中的"器质"

作者在文章开头就概括了柳元景的品质,一共有三个词,"以勇称""寡言""有器质"。文中除了对"勇""寡言"的说明外,都是对"有器质"的阐述。

在文中,"有器质"阐述包含以下五个方面:

(1)行孝道。文中记载"雍州刺史刘道产深爱其能","元景时居父忧,未得加命"。柳元景能够放弃做官的机会,遵守当时传统的道德礼仪制度,为亡父丁忧。"服阕,补江夏王国中军将军,迁殿中将军"[1],守制二十七个月后,才赴任义恭司空行参军之职。

(2)有谋略。柳元景为随郡太守而"蛮断驿道,欲来攻郡"。虽然"郡内少粮,器仗又乏",柳元景"设方略,得六七百人,分五百人屯驿道","会蛮垂至,乃使驿道为备,潜出其后","前后俱发"。战斗的结果是"蛮众惊扰,投郧水死者千余人,斩获数百,郡境肃然,无复寇抄"。[2]

(3)奉廉洁。"时在朝勋要,多事产业",只有柳元景"无所营"。即使"南岸有数十亩菜园,守园人卖得钱二万送还宅",柳元景却"以钱乞守园人",不"夺百姓之利",而有"弘雅之美"。[3]

---

[1] [梁]沈约:《宋书》,北京:大众文艺出版社,1999年,第580页。
[2] [梁]沈约:《宋书》,北京:大众文艺出版社,1999年,第580-581页。
[3] [梁]沈约:《宋书》,北京:大众文艺出版社,1999年,第585-586页。

（4）伸正义。"世祖严暴异常"，官员间"未尝敢私往来"。前废帝继位后，"杀戴法兴"，"悖情转露"。在此暴政下，"乃与师伯等谋废帝"。[1]

（5）无畏惧。废帝事发，"帝亲率宿卫兵自出讨之"，柳元景"知祸至，整朝服，乘车应召"，弟车骑司马叔仁"戎服率左右士数十人欲拒命"，柳元景苦禁之。"下车受戮，容色恬然。"[2]

（二）唐代韩愈《举钱徽自代状》

元和十二年（817）十二月，韩愈卸任刑部侍郎，举荐钱徽为继任者。韩愈对钱徽的评价是"器质端方，性怀恬淡，外和内敏，洁静精微"。"器质端方"的具体表现：一是专研好学，可"专刑宪之司"；二是专业扎实，能"参轻重之议"；三是颇具声望，"时名年辈，俱在臣前"。

最后的结论是"擢以代臣，必允众望"。[3]

（三）宋代王安石《祭欧阳文忠公文》

本文是王安石悼念欧阳修的祭文，对欧阳修的总体评价是"器质之深厚""智识之高远""学术之精微"[4]。对于欧阳修"器质之深厚"的描述主要体现在回顾欧阳修宦途及功业过程中。

（1）有奋斗精神。欧阳修"仕宦四十年，上下往复"，仕途很不顺利。但是欧阳修"虽迍遭困踬，窜斥流离，而终不可掩者"，始终做到"既压复起，遂显于世"，始终保持"果敢之气，刚正之节"[5]，一直坚守到晚年。

（2）有理想抱负。仁宗皇帝末年，欧阳修是托付国家前途命运之重臣。其在辅臣之位，能"发谋决策，从容指顾，立定大计"，成就"千载而一时"[6]的伟大事业。

（3）有高尚品德。"功名成就，不居而去"，不居功自满，适时而退。他的这种高尚品德，"不随异物腐散，而长在乎箕山之侧与颍水之湄"[7]。

---

[1] [梁] 沈约：《宋书》，北京：大众文艺出版社，1999年，第586页。

[2] [梁] 沈约：《宋书》，北京：大众文艺出版社，1999年，第588页。

[3] [唐] 韩愈：《韩愈集》，北京：中国戏剧出版社，2002年，第351页。

[4] [唐] 韩愈，等著，王会磊注评：《唐宋八大家散文》，武汉：长江文艺出版社，2015年，第197页。

[5] [唐] 韩愈，等著，王会磊注评：《唐宋八大家散文》，武汉：长江文艺出版社，2015年，第197页。

[6] [唐] 韩愈，等著，王会磊注评：《唐宋八大家散文》，武汉：长江文艺出版社，2015年，第198页。

[7] [唐] 韩愈，等著，王会磊注评：《唐宋八大家散文》，武汉：长江文艺出版社，2015年，第198页。

（四）清代康有为《大同书》

在辛部第十一章奖智中，作者提倡分"新书""新器""新见""新识"四科，对贡献大小不同者给予不同的表彰和物质奖励。在文末，作者畅想在"夫以其人境遇神明之优饱，又当图书器质之精备，而又有巨金荣名驱策"[1]的优越条件下，就可以促进"全地聪明睿智之士，日尽其心思才力以思创新"，最终实现"其新理、新器、新术日出而无可涯量，精奇而不可思议"[2]。

此文中的"器质"指的是科学研究、加工制作中的仪器设备。

二、史籍中的"器质"含义

综合四个含有"器质"一词的四份文献资料，其含义可以分成两个方面：

一是指器物、器具，康有为《大同书》辛部第十一章《奖智》中，器质指的就是仪器设备；

二是指人具有的素养，它包括思想政治素养、道德素养、文化素养、业务素养、身心素养等各个方面。《南史·柳元景传》中对柳元景的介绍，就包含道德素养、政治素养、业务素养和身心素养；韩愈举荐钱徽，说他"器质端方"包括了道德素养、业务素养和身心素养；王安石评价欧阳修，说他器质深厚，包括了思想政治素养、道德素养、文化素养、业务素养、身心素养等各个方面。

三、"器质"教育的新时代内涵

"器质"包含器具和素养两个方面的基本内涵，这从根本上贴合了现代职业教育的特点和使命，"器质"教育思想是一种符合职业教育根本要求的教育思想。

结合目前党和国家对职业教育的要求，职业教育要在坚定理想信念上下功夫、要在厚植爱国主义情怀上下功夫、要在加强品德修养上下功夫、要在增长知识见识上下功夫、要在培养奋斗精神上下功夫、要在增强综合素质上下功夫，要树立健康第一的教育理念，要全面加强和改进学校美育，

---

[1] [清]康有为著，朱维铮编校：《康有为大同论二种》，上海：中西书局，2012年，第293页。

[2] [清]康有为著，朱维铮编校：《康有为大同论二种》，上海：中西书局，2012年，第293页。

要在学生中弘扬劳动精神。我校"器质"教育的内涵应该是：通过教育教学改革，营造"善用器、创造器、成大器"的"器文化"，加强学生核心素养的培育，培养有忠家爱国的价值情怀、修身健体的生活习惯、勤学精技的学习态度、向上向善的人生追求的合格人才。其基本要素有营造"器文化"、开展"器培养"、实施"器评价"、培养"四器"新人（铸忠器、修身器、练御器、成大器）。

人有"器"质,"器"有人性

衢州中专校长余雨生曾指出:"任何教育类型,究其本源,就是使教育对象处理好三个关系:一是人与自然的关系,二是人与社会的关系,三是人与工具的关系,帮助教育对象实现从自然人、学校人向社会人、职业人转变。"对于职业教育而言,教育学生正确处理好人与工具的关系是完成这一使命的关键点。结合金庸先生题写的"勤而立信,忠以成器"的校训与中学生核心素养的要求,余雨生提炼了"善用器、创造器、成大器"的学校"器"文化,在此基础上,他首次提出了"器质"教育的理念。这在教育理论上是一次大胆的创新,同时也是中学生核心素养培育的一次大胆的尝试。

"器质"教育,首先要正确认识人与器的关系。器也就是工具,既有有形的工具,如机床、画笔、仪器等,也有无形的工具,如搜索引擎、手机App、办公软件等。关于人与器的关系,人们一般偏向于认为:器是由人创造的,人是主体,处于支配地位,人操纵器进行劳动。这在某种程度上反映了人与器的关系,它将人与器分开来看。然而,我们要辩证地看待事物,不仅要看到事物之间的"分",也要看到事物之间的"合";不仅要看到人与器之间相互区别的一面,也要看到人与器之间相统一的一面。我们注意到,历史唯物主义所讲的人,并非只是狭义上的、生物学意义上的人,而是存在于社会中的劳动实体。而劳动实体,正是人与工具的有机统一:人类的劳动生产必须使用工具,离开工具,人就是一般生物体,不能改造自然,也就无法生存和发展。同时,人类改造自然的需求,促使工具不断地产生和发展,离开了人,工具就是纯粹的自然物,不能称其为工具。所以,人与工具是相互依存,密不可分的,作为劳动实体的人,是人与工具的有机统一。以此为依据,笔者认为,"器质"教育的理想并不是把人物化成器,或者仅仅只是使教育对象掌握操纵器的技能,而是把"人"与"器"

有机统一起来，达到"人器合一"的境界，人有器质，器有人性。

人有器质，是"器质"教育的核心。正如笔者前面论述，人有器质，并不是说把人变成器，变成工具，或者说使教育对象仅仅学会操纵器的技能。应当注意到，在"器"的后面还有一个"质"，从马克思主义哲学的范畴来说，"质"是一事物成为它自身并区别于其他事物的规定性。器质，便是一个"器质"教育对象成为他自身并区别于其他人的规定性。而所谓的器质，便是人在"善用器"的过程中，对器的运行规律有了深入的了解，这种规律内化于心，便成了他的特质。例如一个熟练的汽车司机，他身上必然拥有随机应变、遵守规则、遇事沉稳、眼疾手快等优点，这是他在与"汽车"这个器打交道的时候，慢慢了解汽车的运行规律，而自己也在不断探索、适应、运用这个规律，最终形成的独特器质。不同的器，有着不同的运行规律，人们在与它们打交道的过程中，难免会受到这些规律的影响，从而产生不同的器质。一个没有器质的劳动者，只能说他不懂器的内在规律，和器是割裂的，只能机械地操纵器，不能将器的作用发挥到最大，甚至会产生重大错误。所以，"器质"教育的核心，就是培养人们在探索、理解、适应、运用器内在规律的基础上善用器，形成自己独有的器质。

器有人性，是"器质"教育的更高要求。人要生存就要生产，要生产就要使用工具，人们改造自然的需求促使工具不断产生与发展。马克思曾指出："自然并没有制造出任何机器、火车头、铁路、电报、自动纺棉机等等。它们都是人类工业的产物，自然的物质转变为由人类意志驾驭自然或人类在自然里活动的器官。"[1]从某种意义上讲，器就是人的机体的延伸，是人的肉体机能在工具形式上的异化和发展。器是由人发明创造的，不可避免地会打上人的烙印，体现人的意志。一个好的劳动者，不仅应当认识器的规律，还应当利用这个规律去创造器，将自己的经验以工具的形式予以延伸固化，使器更加顺应规律，从而提高生产效率。经过改造的器，应该更加人性化，更加反映创造它的人的意志和他对规律的认知，这也就是"器有人性"的内涵。"器质"教育的最终目标是要把"人"与"器"有机统一起来，所以它必须是双向的，从人的方面看，要培养有器质的人，从器的方面看，要使人创造的器更加人性化，更加富有情怀，更加符合规律。后者的要求显然更高，它注重提高的是人的创造力，而创造性思维能力的

---

[1] [德]马克思：《政治经济学批判大纲》（第3分册），刘潇然，译，北京：人民出版社，1962年，第358页。

提高是教育的最终目标。

人有器质，方能善用器；器有人性，方能创造器；人器合一，方能成大器。笔者认为，这就是"善用器、创造器、成大器"的"器质"教育的内涵。

一、"器质"教育与衢州有礼内涵共性的浅探

为深入贯彻落实立德树人根本任务，全面贯彻落实党的教育方针，我校在传承和体现中职教育培育高素质技能型人才的特色、南孔圣地儒学精髓的特征基础上，开创性地提出"办品质学校，育'器质'学子"的"器质"教育办学思想，坚持以人为本的管理理念，遵循学生成长规律，强化职业教育特点，激发学生自我发展内生动力，达到育人"内化于心、外化于行"的目标。努力培养"善用器、创造器、成大器"的"'器质'学子"，成为德智体美劳全面发展的社会主义建设者和接班人。

2018年5月，衢州市委书记徐文光在《浙江日报》发表署名文章《让"衢州有礼"成为响亮的城市品牌》，文章从礼续文脉、礼促文明、礼成文化三个层面多个维度写了"南孔圣地、衢州有礼"城市品牌建设的想法及理解，笔者阅读之后觉得这与学校培育"器质"学子层面有异曲同工之妙。"南孔圣地、衢州有礼"的精髓在一个"礼"字，"器质"教育的精髓在一个"器"字，两者不管是从古代还是近现代都代表一种中华传统文化的精华，内涵丰富。

二、共性一，古今"有器有礼"方能立

"器"一种释义为人的度量、器量，也引申为才华、才能、见识。如《老子》中讲到大器晚成。宋代王安石《祭欧阳文忠公文》："如公器质之深厚，智识之高远，而辅学术之精微，故充于文章，见于议论，豪健俊伟，怪巧瑰琦。"[1] 非常全面地对唐宋八大家之一的欧阳修做出评价，既肯定他的器量又高度称赞他的才华。在近现代，"器"字的应用最典型的就是清华大学校歌，1925年由清华国文名师汪鸾翔教授作词，其中第三段首句即"器识其先　文艺其从"，释义中器识即见识与器量，指人的内在涵养和精神境界；文艺指人在写作方面的学识、运用文字的技巧。出自《新唐书·

---

[1] [唐] 韩愈，等著，王会磊注释：《唐宋八大家散文》，武汉：长江文艺出版社，2015年，第197页。

裴行俭传》中的"士之致远,先器识,后文艺"〔1〕明确讲我国古代知识分子为学修身的步骤,即古人首先看重做人的度量与见识,后再文艺(泛指才华在岗位的运用),是器识之末。也即我们常引用《礼记·大学》中的"修身齐家治国平天下"。从中我们可以明晰从古至今"器"在人成长中居于首位。而器的内涵之一我们可以理解为人的度量、见识、胸怀、品质。

儒家文化是中华优秀文化的重要组成部分,浸润着三衢大地,是我们引以为傲之所在。《论语》说:"不学礼,无以立。"南孔圣地、衢州有礼——衢州这一响亮的城市品牌的精髓在一个"礼"字,抓住了精华中的精华。新时代,衢州市提出弘扬"有礼"文化来提升衢州竞争的软实力,抓住了问题的根本,一个城市之礼最重要的一点是市民的文明素养,当这个城市人人讲"礼"的文明素养形成之时,一座最有礼的城市也必定深入人心,则《礼记·大学》中的"修身齐家"目标已达,随之而来的"治国平天下"即百姓安居乐业的美丽和谐社会也必将实现。

三、共性二,现代"有器有礼"创美好

学校提炼了"善用器、创造器、成大器"的学校"器"文化,让校园文化与学生核心素养培育共鸣。善用"器"——引导学生善于使用"器",即工具,正确处理好人与工具的关系,这个工具既指自然界中的事物,也指人类创造的工具;创造"器"——每一个中职学生通过在校三年的学习,能正确处理好人与事物、人与人的关系,能够通过合作或独立拿出作品;成大"器"——从物质层面上升到精神层面,要正确处理好社会生活中的各种关系,最终能成"器"。三个层面逻辑清晰、涵盖面广、内涵丰富。

笔者在衢州有礼论述的文章中也重点突出了"礼"的关系内涵。其一,对自然有礼,即人与自然的关系处理,遵循自然规律,巧借自然之力为人类发展所用;其二,对社会有礼,即正确处理好人与人、人与社会及发展之间的关系,更好地为我们享受美好生活服务;其三,对历史有礼,要把优秀文化学习好、传承好、挖掘好、发扬好,形成服务于现代社会发展的软实力;其四,对未来有礼,即把握社会发展趋势,紧跟时代步伐,开放包容,跨界融合,有核无边、辐射带动人与社会的发展。三个"器"与四个"礼"高度契合,既符合人的发展层面,又融入社会发展趋势,也遵循发展规律。

---

〔1〕转引自乙力编著:《中国古代名言警句》,西安:三秦出版社,2012年,第207页。

育人是全方位、立体式、全过程、多层次的工程，我们相信，只要不断坚持探索，主动实践，积极总结，坚守"器质"教育思想，具体分解步步实践，不断充实，学校育人质量必将在"器质"教育思想引领下走向新的高度。

中职学生良好人格塑造的实践与探索

一、背景意义

人格是心理学家探讨较多的问题，关于人格的定义，我国心理学界比较认同的是："人格，也称个性，是个体特质模式及行为倾向的统一体……人格是个体内在的在行为上的倾向性，它表现一个人在不断变化中的全体和综合，是具有动力一致性和连续性的持久自我，是一个人在社会过程中给人以特色的身心组织。"[1] 为了适应社会主义市场经济的发展，职业学校毕业生不仅应该具有崇高的理想、高尚的道德、扎实的文化基础和熟练的专业技能，而且应该具备健康完善的心理素质。社会实际工作是比较复杂的，这就不仅需要他们自尊自重、热情洋溢、性格开朗、兴趣广泛、意志坚定；而且需要他们善于调节情绪，保持良好的心境，从而以积极态度适应环境，发挥能力，创造成就。但是，由于目前社会、家庭、个人等多方面原因，职业学校学生似乎陷入了一种较尴尬的状态，使得职业学校学生反映出与普高学生许多不同的心理特点。因此，我们认为：职业学校对于人才的培养，除了加强德智体美各项教育外，还应注重心理的教育，使他们具备良好的个性和人格，并且能适应社会主义市场经济发展，适应各种工作环境和各种社会关系，在工作中做出优异成绩。多年的教育实践使我们认识到，人格对一个人的成长与发展具有重要的作用和影响，成功者和失败者之间最大的差异不是智力上的差异，而是非智力方面的差异，其中人格因素起着重要的作用。因此，研究"中职生健全人格的教育"，实现"器质"教育，既适应时代背景，又契合改革形势，更利于学生发展，真正具有现实意义和历史意义。

---

[1]《中国大百科全书》总编辑委员会：《中国大百科全书·心理学卷》，北京：中国大百科全书出版社，1987年，第203页。

为了取得人格培养的教育成效，我们根据所调查的问题，采取有的放矢的措施，重点开展以下 10 个方面内容的教育：讲究诚信，艰苦奋斗；团结协作，尊重他人；善于交往，积极融入社会；灵活应变；开拓进取，勇于创新；开放，虚心并善于向他人学习；自我调控情绪，为人宽容和友善；善待自己，有效规划工作；工作具有责任心和荣誉感；对自己充满信心，独立完成任务。把各方面的教育内容渗透到整个中专阶段的教育活动之中，开展了以下一系列活动。

二、以始业教育为契机，培养中职生的敬业思想和勤学信念

第一，掀起学习活动，明确职教性质。中职新生往往抱着"上普高有前途，进职校没出息"的悲观心理走进职业学校，他们对职业教育的性质和意义缺乏正确的认识。对此，我们在始业教育着重组织学生反复学习《职业教育法》，分析国内外发展职业教育的形势及成就，列举中职毕业生的就业情况、升学情况和就业成果等，使中职新生初步认识职业教育的深远意义，认清职业学校的发展趋势，明确中职学生肩负着富国强民的历史使命，从而确立"自尊"心理。

第二，开展遵纪教育，形成守法观念。少数中职新生在初中阶段因为学科分数低而受到家长训斥、教师指责和同学歧视，久而久之，他们由厌恶学习演变到厌恶生活。因此，在始业教育阶段先开好一堂"法制教育"课，组织他们听讲座、谈认识，每一个新生都体会到：要做一名有益于社会的合格人才，就得学法、知法、守法，从而形成"自重"理念。

第三，组织军事训练，磨炼顽强意志。中职新生大部分是独生子女，由于从小过着衣来伸手、饭来张口的生活，因此，意志相对薄弱。对此，组织军训是卓有成效的德育措施，经过一周时间的队列行走操练，军事常识讲座，寝室内务整理，传统故事讲述等活动，在很大程度上消除了新生们自由散漫的习惯，学生磨炼出顽强拼搏的意志，提高了遵守纪律的意识，从而树立"自强"信念。

第四，办好成果展览，激发学习兴趣。部分中职新生对自己的学习能力缺乏信心，自认为本是不可雕的"朽木"，何必勤学苦练呢？对此，我们在始业教育中广泛开展"促学"活动。如展出历届学生进校时和毕业时的成绩对照表，展出在校生学业成果材料，展出毕业生就业成就材料，并适时邀请本校优秀毕业生回校做体会报告，让新生产生"跳一跳即能摘到果子"的感想，从而增强信心。

三、以班会教育为阵地,培养中职生的进取精神和创新意识

第一,实抓"五爱"教育,陶冶爱国情操。少数中职生政治思想比较淡漠,人生价值观中的"个人实惠型"增多,只求国家对自己的回报,不想自己对社会的奉献。对此,我们全力构建德育立交桥,精心设计以"爱国主义"为主题的人格教育体系,如开展社会主义、集体主义、革命传统、学习目的、世界观、人生观、价值观等教育内容的主题班会,完善学生"感恩社会、报效祖国"的人格,使他们将来成为"有理想、有道德、有文化、有纪律"的社会主义建设人才。

第二,灌输竞争意识,培养进取精神。中职生在初中阶段的考试中自尊心受到严重挫伤。对此,我们把"灌输竞争意识,培养进取精神"作为德育的重要环节,其措施为:首先是加大宣传力度,通过读报刊、看展览、听讲座,学生能理解竞争的意义;其次是开展竞争活动,学生在竞选、竞赛的教育教学活动中树信心、练胆量、长技能,从而确立敢于竞争、勇于进取的信念。

第三,加强友爱教育,促进精神文明。目前,不少学校过分重视竞争意识的灌输,忽略了团结友爱的教育,致使学生处于校园群体中只想"人人为我",不愿"我为人人",同学之间的"关爱"品德日益淡化。对此,我们把加强精神文明建设作为中职生人格培养的突破口,引导学生正确对待父子、师友的关系,正确处理竞争、友爱的关系。为了培养学生"我为人人"的高尚品德,我们经常性地开展"讲关心、献爱心、奉孝心"的主题班会;为了纠正学生"人人为我"的错误观念,我们倡导"异性相交不恋爱,同性相处不耍赖,家务校事不推卸,扶贫济困有我在"的校园风尚,使学生逐步养成"在校做好学生,回家做好孩子,到社会做好公民"的品格。

第四,长抓安全教育,理解生命意义。中职生一方面安全意识薄弱、安全知识贫乏,另一方面喜欢争强好胜、爱好猎奇冒险,所以校园内时刻存在安全隐患,随时会发生预料不到的"他伤和自伤"的事件。为了保证每一个学生的生命安全,为了保证每一个家庭的生活幸福,人格教育中必须上好安全教育课。如开设安全知识课程,消除校园安全隐患,落实人身,等等,每个学生能真正理解生命的价值和意义,倍加珍惜自己的生命。

四、以校园环境的熏陶，提高学生审美能力，锤炼意志品质

第一，浓厚的文化氛围。要以人文思想引领校园环境建设，使学生周围的陈设布置与学校的专业设置联系起来，以培养学生的观点、信念和良好习惯。如在路旁、各楼层走道放置果壳箱，配置卫生宣传标牌和礼貌用语；校园内进行大面积的绿化，使其变为花园式的大学堂；美化教室、宿舍、假山、游泳池、名花异草、绿色草坪、曲径通幽的小道等，使其成为学生修身养性的环境。教学楼的走廊上挂有科学家的画像、格言警句，激励学生勤奋学习；在绿化、雕塑、楼名、文化设施等方面进行学校人文环境的设计和建设，形成学校特有的文化氛围，学生能感受到学校大家庭浓厚而独特的魅力，从心里产生"我以学校为荣"的自豪。

第二，加强实践方面的知识学习，增加学生的学习兴趣，增强他们的信心。加大社会实践，学生走出课堂，增加接触社会的机会，在实践中增长才干，磨炼意志，从而能了解现实，强化其努力奋斗的决心。学校可以定期组织参观爱国主义教育基地，瞻仰革命圣地和遗址，祭扫烈士墓，参观城市、农村、名胜古迹和现代企业等活动；组织学生参加军训、公益活动、社会调查、志愿服务、勤工助学等社会实践活动。这些实践活动使学生了解国情、了解社会、了解职业，认识自身生存与发展的主客观条件，提高学生的自我教育能力和实践能力，促进学生增长才干，完善自我，全面发展。还可以在实习过程中，教与实习单位共同对学生加强思想政治教育、品德教育、纪律教育、法制教育和相关岗位的职业道德规范教育及其养成训练。

第三，结合专业，开展丰富多彩的活动，丰富学生课余生活。如安排校园艺术节，参加公益活动、举办运动会，还可鼓励学生撰写小论文，经常性地组织开展专业技能竞赛活动，通过这些有益的活动，学生更好地掌握专业技能，增强职业意识，提高职业能力。学生能充分认识自我价值，重新找回信心；同时也感到生活学习的充实，而不再有孤独、盲目的心理，陶冶情操、达到心灵上的和谐。

第四，鼓励学生加强自我管理。要发扬学生的特长，在自我教育中提高自己，完善自己。学校可以通过党团组织、学生会、班集体、学生社团，积极开展适合学生特点、喜闻乐见、健康有益的活动，充分发挥学生自我教育、自我管理、自我服务的作用。更要鼓励、指导学生建立各种课外兴趣小组和社团，因地制宜开辟活动场所，建设活动设施，使学生在寓教于

乐的活动中培养健康的情趣，发展个性特长，提高审美能力，锤炼意志品质。

　　职业教育就是全面的教育，其根本目的是全面提高学生综合素质，从而提高就业能力。未来的人才应具备较高的政治素质、思想道德素质、文化素质、业务素质、心理素质和身体素质。心理素质不仅是整个素质结构的重要组成部分，而且是其他素质的基础和载体。因此，推进素质教育全面实施，必须塑造良好的人格。

文化建设篇

关于学校"器"文化建设的思考

一、衢州中专"器"文化——一个全体中专人积极追求共同向上的愿景

"愿景"是指个人所向往的前景,"共同愿景"则是指一个集体所有个体都向往的前景。最简单的说法是我们想要创造什么。这个愿景也是一所学校育人工程的整体规划。2017年7月《浙江省教育厅关于加强培育中职学生核心素养的指导意见》(以下简称《意见》)出台,首个指导核心素养培育的文件诞生。在这样的时代背景下,衢州中专开展了自己的实践,学校提炼出了"衢州中专学生四大核心素养"。随着核心素养培育的不断深入,学校找到了既符合衢州城市特征又贴合学校教育特色的文化主题——"器"文化。衢州中专"器"文化内涵包括四个方面:坚持以立德树人为根本,强化忠家爱国,锤炼道德情操,培养高尚的价值情怀;以身心健康为基础,修身健体,培育健康心理,养成良好的生活习惯;以工匠精神为核心,强化专业技能,加强社会实践,培植勤劳精技的从业态度;以持续发展为目标,注重全面发展,加强生涯规划,树立向上向善的人生追求。

二、衢州中专器文化落地的思考与探索

(一)群策群力,以主人翁的心态商讨学校共同愿景

学校的共同愿景从某种程度上说就是学校的发展大计,它关系学校的生存和发展,关系学校里每一个人的生存和发展。从民主的角度说,当学校提出器文化这个愿景时应该提倡群策群力,多方商讨,以达到利益的最大化;而主人翁的心态是共同商讨乃至制定学校各项规章制度,从而最大限度地调动师生积极性的必要前提,也是尊重师生、讲求民主的具体表现。笔者在处理班级学生自修课讨论学习问题发生的吵闹现象也采用了民主讨

论的方式，有的学生确实是在讨论学习问题，有的则是浑水摸鱼，导致自修课纪律不好。笔者就让他们自己讨论，结果自此以后自修课安静多了，尊重学生使他们自己意识到了问题的症结。尊重是相互的，学校能在器文化建设上多听听老师、学生的意见，老师和学生会觉得受到学校重视，自己是学校建设的一分子。古语说："士为知己者死。"虽然师生无须献出自己宝贵的生命，但是，他们需要为学校的明天，为学校的发展出谋划策，献出自己的聪明才智。唯有如此，所形成的共同愿景才能得到大家的拥戴和支持，并渗透到学校组织的各项活动中去，使各项活动融会起来，形成合力。

（二）身体力行，以共同愿景促师生向前发展

实践是检验真理的唯一标准。要把美好的蓝图转化为现实，关键是师生的身体力行。

开展"器"文化建设的终极目标很明确，就是育人，这个"人"不是抽象的，是指校园里的每一个学生。无论是显性的物质文化还是隐性的精神文明建设，都必须以培养学生善用器、创造器、成大器为出发点和归宿。如校园环境的创设，深度挖掘环境的德育价值。令人欣慰的是，目前学校的学部空间和新的橱窗建设都关注了细微之处的环境德育价值。教育故事就在校园里，就在学生身边，我们要像小说家那样去发现、去挖掘。

校园环境是美的，校园里的师生也应该是美的。教师应该完善自我，从而更好地教会学生善用器、创造器、成大器。榜样的力量是无穷的。通过名师引领，塑造一批教书育人的优秀教师。可以多邀请一流的教育专家来学校讲学、上课，让教师与大师、名师进行零距离的接触、对话。通过对名师各种卓有成效的方法的学习，大大缩短教师成长的过程。笔者也经常将一些有助于班主任成长的理论通过微信群转载给老师们学习；通过这些营养，教师可以成长得更快。教师通过课堂内外实践来实现"善用器、创造器、成大器"。2017年5月，学前艺术学部美术专业毕业生和学前专业毕业生都以学生素养发展中心为阵地进行了作品展示，有动态的、有静态的展示，还给每个参展作品的学生颁发了衢州中专收藏证，让学生感受到自己的成果得到了肯定。

如何评判学生在使用"器"、创造"器"的过程中涵养了中等职业学校培育目标？学校结合中职学校教学诊断与改进工作的推进，确定"器"文化建设的五个诊断点（品德、知识、技能、实习、作品）。在这个过程的评价中笔者建议，评判一个毕业生是否能成大器，应该用这五个百分比分别

进行考核，品德列入平时各项行为规范考核中占20%，每个班级统一考核，知识作为文化课考核占20%，技能作为专业课考核占20%，实习考核占20%，每个学生毕业前都必须有一个毕业作品占20%，这种真正能坚持过程控制与结果导向有机结合的评价原则，能更好地促进学生适应未来发展。

  对于学校"器"文化教育，笔者认为如果将所有的努力都变成自觉、自动和自发的行动，充满奋斗的激情去努力，那么教育将在"桃李不言，下自成蹊"中突破，学校也必将实现历史跨越，走向新的辉煌。

"器"文化的校园建设理解

校园文化是以学生为主体，校园为主要空间，以课外文化活动为主要内容，经过长期发展积淀而形成共识的一种价值体系。校园文化的特性为互动性、渗透性和传承性。校园文化既是一种氛围、一种精神，也是一种个性、一种特色。校园文化作为一种环境教育力量，对学生的健康成长有巨大的影响。校园文化建设可以提升学校的文化品位。校园文化建设主要分为三个部分：物质文化建设、精神文化建设和制度文化建设。笔者认为，衢州中专的校园文化总的来说，是健康的、开放的、向上的，在此基础上进一步形成具有特色的"器"文化，笔者认为，可以分为以下四步。

一、文化的确定

衢州中专的校训是"勤而立信，忠以成器"。工具即器具，在深入思考的基础上，学校开展相关研究，着手建设学校"器"文化，推动文化创新。这是学校领导人的明智之举。正如余雨生校长在衢州市新时代校长文化领导力论坛发言《关于学校办学思想的思考》里所讲的一样："任何一所名校的成功，都会经历数量扩张、质量提升、品牌打造、文化固化四个历史积淀过程。学校办学的最高境界是文化育人，即形成一种学校文化，依靠文化的力量达到育人的目的。人与工具的关系是最具职业教育特点的。教育，尤其是职业教育，其使命就是使学生完成从自然人、'学校人'到社会人、职业人的转变。"在此基础上学校又提出办品质学校，育"器"质学子的新思路，可谓锦上添花。笔者认为，学校提出"器"文化的校园建设是务实的，对"器"文化的研究和确定是迫切的。学校将"器"文化分为"善用器、创造器、成大器"是非常合理的，这是校园"器"文化建设的基础。

二、文化的落实

任何一件美好或者有意义的事情，只有落到实处才算真正有意义，这是校园"器"文化建设的关键。笔者认为，要将"器"文化落到实处需要解决两个问题：一是如何让教师率先具有工具思维？二是如何引导学生具有工具思维？而要解决这两个问题，就需要全员动员起来，从自身出发，思考"器"文化在本职工作中的体现。在这个阶段，可以将落实的主体分为任课教师和管理人员。

1. 一线教师的落实

首先讲任课教师，身为把课堂作为主阵地的教职人员，其与学生的接触是最频繁的，联系是最紧密的，从而对学生的影响也是最大的。所以要落实"器"文化，首先就要保证每一位教师在课堂上、活动中对工具思维的重视和落实。正如李镇西老师所说："如果你想教育好学生某项技能，必须老师自己具备这项技能，这个道理显而易见。"那么作为任课教师，怎么从自身的工作岗位上发掘工具，培养工具思维呢？笔者以数学教师为例，建议着重从以下两个方面开展：

（1）教学中用到的劳动工具。隔行如隔山，每个学科用到的劳动工具只有任课教师最清楚。数学教师的教学工具由之前的三角板、直尺变为作图工具——几何画板、编辑试卷工具——公式编辑器、函数专用软件——数学函数图像描绘器等，大大提高了教师效率和数学直观性。劳动工具的使用既是工具思维的直接体现，也是文化落实基础中的基础。数学教师以现身说法的方式，让学生深刻体会到善于使用专业工具对于教学学习的重要性。这在专业课的学习中体现得更加充分。如对机床、画笔、仪器等专业机器的操作。

（2）学科中提炼的思维工具。思维工具指的是那些能有效影响思维抽象活动、提高思维效能、延伸思维深度，能把抽象思维过程具体可视化的一类方法技能的总称。思维工具常见的有系统思维、辩证思维、逻辑思维、批判性思维、逆向思维、发散思维、灵感思维、形象思维等。都说数学是思维的体操。笔者认为，数学最能锻炼的思维有系统思维、逻辑思维、批判性思维等。在世界著名的数学教育专家和解题鼻祖——波利亚的《解题表》中可以清晰地体会到这些思维的存在。

① 弄清问题。a. 已知是什么？未知是什么？b. 条件是什么？结论是什么？c. 画个草图，引入适当的符号。

② 拟订计划。a. 见过这道题或与之类似的题吗？b. 能联想起有关的定理或公式吗？c. 再看看未知条件！d. 换一个方式来叙述这道题。e. 回到定义看看！f. 先解决一个特例试试。g. 这个问题的一般形式是什么？h. 你能

解决问题的一部分吗？i. 你用了全部条件吗？

③ 实行计划。a. 实现你的解题计划并检验每一步。b. 证明你的每一步都是正确的。

④ 回顾反思。a. 检查结果并检验其正确性。b. 换一个方法做做这道题。c. 尝试把你的结果和方法用到其他问题上去。

古人说得好："君子生非异也，善假于物也。"笔者认为，要做到善用"器"，必须常常使用劳动工具，你用得越久，用的方式越多，你就对其有越深入的了解。这些必须从每次上课的经验中学到。除了专门工具外，互联网强大的演示工具、信息化工具等更是师生们可以利用的工具。

除了经常使用劳动工具外，还要经常思考方法工具，提炼思维工具。只有教师对本学科中体现的方法工具、思维工具有一个较全面和深刻的认识，才能在教学过程中润物细无声地传授给学生，这是"器"文化落实的巨大宝藏和空间，也是践行"器"文化的根本出发点和归宿。

教师除了善用"器"外，还要尝试创造"器"。从善用到创造，是一个艰难的过程，也是一个飞跃的过程。创造可以是改进，也可以是首创。创造必定是建立在长期思考和实践的基础上的。笔者认为，作为任课教师，创造"器"的一个落脚点可以是论文。因为在一轮又一轮的教学中，教师碰到的问题相似，采取的对策也类似。在这个过程中做的总结等都可以作为工具的某种表现，最后，所有的做法都上升为理论的高度，形成一套稳定的做事方法，这就是工具思维。我们才能把自己手中的这个工具打磨得更精美、实用、通用些。通过自己的思考、总结、撰写论文，这就是较好的创造工具体现。

笔者认为，任课教师都可以从自身的学科和具体工作出发，寻找工具的影子。就像语言是沟通的工具，数学是思维的工具，艺术是美好的工具，设备是制造的工具，搜索是信息的工具一样，每一门学科都有其丰富的工具内涵。创造"器"的形式也更加形象、生动、直观。

班主任作为学校重要的一线教师，应在推广"器"文化方面的作用和地位不言而喻。如果说，学生在任课教师身上看到的"器"文化是关于学科的、局部的、有限的，那么在班主任身上看到的则更加全面而丰富。如果说任课教师体现的"器"文化主要在善用"器"、创造"器"上，那么班主任在班级管理中则更着重提倡学生成大器。

"成大器"是指学生成为具有一技之长、具备持续发展能力、对经济和社会发展有用的人才，学生拥有成大"器"的人生追求和远大理想，拥有忠家爱国的价值情怀。笔者认为，要想在全校形成具有凝聚力和认同感的"器"文化，不妨培养一批具有典型代表的优秀毕业生，从他们身上提炼"器"元素，以讲座或者做报告的形式，亲身讲述有感染力的故事，从而让学生从内心认同，确实需要"器"文化的武装。也可以从身边挖掘一批不忘初心，筑梦教育，具有远大理想的教师作为"成大器"言传身教的榜样，解构他们的故事，倾听他们的心声，从而让学生从内心受到震撼，激发学生对成大器的渴望。双倍效应的叠加势必会加大"器"文化的影响力。"一流老师做榜样，二流老师做教练，三流老师做保姆"，说的就是这个道理。以身作则、言传身教是教育亘古不变的真理。

2. 管理人员的落实

偌大一个学校，除了教学人员外，必定还有一些管理人员，包括科室人员、后勤人员等。他们的"器"文化落实则完全从另外的角度考虑。工具或者器具在现代校园工作环境中可以更确切地称为教育装备，教育装备的定义可以理解为实施和保障教育教学活动所需的设备、器材、设施、场所、软件资源等物及对其进行建设、配备、管理、应用、评价等过程的总称。它是学校开展教育教学的必备条件，正所谓"工欲善其事，必先利其器"，"器"文化的落实就是教育装备的落实，包括采购、配备、使用、维护、保管、更新、评价等方面。

总体来说，学校每年投入的经费较多，各方面的教学工具和设备等都能及时更新，但存在教育装备效益欠提高、管理人员亟待提升的问题。

尽管学校在这几年发生了翻天覆地的变化，尤其是校园更加漂亮了，设备也更加高大上了。最近又建造了核心素养中心和衢州市未成年心理健康中心，改造体育场，等等。但是大部分学生没有走近核心素养，也很少有老师去过名师工作室，更别说充分利用这些现成的工具。所以说，接下来应该拉近师生和这些工具、资源的距离，细化应用场景及应用人群，给他们一个导向，激发他们内心的需求，真正发掘工具的作用，形成讨论、应用工具的氛围。并且在这个过程中，让这些资源和工具在教师专业发展和职业规划方面发挥积极的作用，从而充分让教师体会到学校变化带来的获得感，真正营造一幅"国富民强"的景象。

另外一方面，笔者认为，教育装备管理人员未受到足够重视，其专业背景往往被忽视，常常被视为非技术类后勤人员，进一步影响到了队伍的专业建设与个人的职业发展。他们往往手中有工具，有资源，但是没有参与工具的使用，工具的作用也没有得到更好的发挥。这是与"器"文化的落实相违背的。应该鼓励他们做好工具的整理，在工作中找到新的思路和自身价值，更重要的是让师生使用这些工具。

教育装备工作，建设是基础，应用是目的，建而不用无疑是资源的极大浪费。我们要把教育装备盘活，把人激活，这样才能使教育装备的效益最大化。

不管是一线教师，还是管理人员，不管是在课堂上还是在后勤中，都蕴含着"器"文化的巨大宝藏和空间。我们要本着万物为我所用的工具思维，开启灵敏的嗅觉，张扬创造的激情，多发现器文化的素材、项目、活动和人物。如总务处的义工队、教务处的高三分享会等。

三、文化的检验

有了前面两步，还不能说学校"器"文化得以形成。它只停留在理论阶段。要想转化成真正的校园文化，还需要进行文化的整理和取舍，将其改造成合理、优美的校园文化。实践是检验真理的唯一标准。让那些适合的文化保留和沉淀下来，成为真正的"器"文化的过程，就是文化固化的过程。这一步是校园"器"文化建设的核心。

真正的校园文化，不是写在墙上的口号横幅，不是写在领导的报告材料里，而是深深刻在师生心头的行动纲领。所以作为教师，三尺讲台的课堂就是检验"器"文化的道场，作为管理人员，小小一方天地的工作场所就是检验"器"文化的场所。

四、文化的宣传

任何一种文化都需要经过宣传才能深入人心，达到人人向往的目的。校园文化也是如此。这是校园"器"文化建设的保证。那么如何宣传，向谁宣传呢？

在校园文化建设中，精神文化是目的，物质文化是实现目的的途径和载体，是推进学校文化建设的必要前提。所以首先从物质文化开始宣传。教学楼走廊墙面文化是学校校园文化建设的重要一环。正如陶行知先生所讲："要把教育、知识变成空气一样，弥漫于宇宙。"[1]

其次是精神文化宣传。笔者认为，"器"文化的最大受益者应该是学生。当每一个毕业生走出校园的时候，都能够想起校训，想起"器"文化，

---

[1] 陶行知著，方明编：《陶行知教育文篇》，北京：教育科学出版社，2013年，第161页。

想起校园内的教师和工作人员带给他的工具思维启发，这说明我们的"器"文化是有作用的，是值得推广和宣传的。鉴于此，笔者认为，学生会是先锋队，课外活动是主阵地。在学生的优秀群体——学生会中首先落实"器"文化，在学生自己的经历中落实"器"文化，将是不错的宣传途径。

最后，不仅向校内宣传，还可以向校外辐射。有了一定的成果后，我们还可以向兄弟学校介绍我们的"器"文化，反过来可以鞭策我们做得更好。

总的来说，衢州中专正在以昂首挺胸的姿态，大踏步前进，呈现出了日新月异的变化。正因为如此，我们更应该有"大破大立"的决心和气魄，深耕"器"文化，推广"器"文化，从而让"器"文化在衢州中专这片土地上落地生根，惠泽师生，让"器"文化绵延流长。

学校"器"文化建设实践路径

衢州中等专业学校(以下简称"衢州中专")在多年办学积淀中,开展了一系列关于"器"文化建设的探索与实践。以"善用器、创造器、成大器"为核心,学校成立了全国首个学生素养发展中心,提炼出中职学生核心素养的内涵,形成"双全两自"育人模式,实施教育质量提升行动计划,推进教学诊断与改进工作,通过大胆的探索与实践,课堂"活"了,学生"笑"了,家长"满意"了。

一、聚焦"核心素养" "器"文化应运而生

2003年世界经济合作与发展组织首次提出"核心素养"一词,2016年9月,教育部发布《中国学生发展核心素养总体框架》,2017年7月,浙江省出台《浙江省教育厅关于加强培育中职学生核心素养的指导意见》,首个指导核心素养培育的文件诞生。在这样的时代背景下,衢州中专开展了自己的实践:学校提炼出了"衢州中专学生四大核心素养",即忠家爱国的价值情怀,修身健体的生活习惯,勤劳精技的从业态度,向上向善的人生追求。

随着核心素养培育的不断深入,我们发现,中职学生核心素养必须是一种适应终身发展和社会发展需要的必备品格和关键能力的素养,必须要有一种符合"职教特色、地域特征、学校特质"的文化进行传承。衢州地处闽、浙、赣、皖交界之处,文化底蕴深厚,通过对地域文化的"深耕",学校找到了既符合衢州城市特色又贴合学校教育特色的文化主题——器。

"器"之一字,既符合中职教育发展实际和中职学生成长规律,又契合浙江人"务实、守信、崇学、向善"、衢州人"诚信、责任、仁爱、奉献"的价值观,传承和体现了衢州中专"勤而立信,忠以成器"的校训和"勤勤思立常志,向上向善成大器"的校风。学校将社会主义核心价值观、

浙江人价值观、衢州人价值观、校训和校风融入"四方一圆"的简化"器"字中，完美呈现了学校培养目标、核心素养培育理念和校园文化的内涵（图1）。由此，"器"文化应运而生。

图1 学生素养发展中心

衢州中专的"器"文化内涵包括四个方面：坚持以立德树人为根本，强化忠家爱国，锤炼道德情操，培养高尚的价值情怀；以身心健康为基础，修身健体，培育健康心理，养成良好的生活习惯；以工匠精神为核心，强化专业技能，加强社会实践，培植勤劳精技的从业态度；以持续发展为目标，注重全面发展，加强生涯规划，树立向上向善的人生追求。

学生素养发展中心与学校学生核心素养内涵的四个方面相互契合，相互融通。四个方形既代表衢州中专学生核心素养的四个方面，也是"器"文化的内涵所在，即忠家爱国、修身健体、勤劳精技、向上向善；四个方形由中间以圆形连接，说明四者有机联系、缺一不可；方圆结合，意即没有规矩不成方圆，体现教育的基本规律；四个方形代表品德、知识、技能、身心等全面发展，圆形寓意学生要圆润、灵活，能主动地适应社会；学生核心素养发展中心设在学校"大成楼"，寓意"成大器"的美好愿景，是校园"器"文化的显性体现。

二、回归"文育"本位 "器"文化三维成型

一所学校办学的最高境界是文化育人。教育的本原，是解决人与自然的关系、人与社会的关系和人与工具的关系，其中，人与工具的关系是最具职业教育特点的，工具即器具，在深入思考的基础上，学校着手建设以"器"字为核心的校园文化，推动文化创新、文化育人。

善用"器"。深入研究中职学生核心素养内涵，系统解构人与工具的关系，引导学生善于使用"器"，即工具。中等职业学校培养与我国社会主义现代化建设要求相适应，德、智、体、美全面发展，具有综合职业能力，在生产、服务一线工作的高素质劳动者和技能型人才。学校不仅要培养学生的劳动观念，更要通过技能实训引导学生学会使用设施设备，使之具备生产、服务一线的操作技能，还要引导学生学会运用学习方法，使之具备信息沟通、数据处理、选择适应能力，养成良好的思维习惯。简言之，就是会用并发展到善用工具。

创造"器"。从人与工具的关系上解，我们把中职学生核心素养培育的

突破口放在引导学生创造"器"上，即作品。每一个中职学生学习的成果均要以"作品"为导向，通过一定时期、一定阶段的学习，拿出自己形式多样的作品，可以是一篇写作、一次演讲、一支舞蹈、一个画展、一套服装、一个零件、一套体操、一个设计、一套武术、一次演唱会、一次模拟接待、一次公益活动等。鼓励学生跨专业学习，通过多样化的课程、活动，以学生素养发展中心为阵地创造"器"，以此提升学生核心素养涵养。

成大"器"。关于如何评判学生在使用"器"、创造"器"的过程中涵养了中等职业学校培育目标，我们结合中职学校教学诊断与改进工作的推进，确定"器"文化建设的诊断点（品德、知识、技能、实习、作品）。坚持过程控制与结果导向有机结合的原则，不仅构建以工具使用为核心的评价体系，促进学生必备品质与关键能力的培养，而且构建以作品为导向的评价体系，促进学生适应未来发展。

三、着力"校本实践" "器"文化掷地有声

"器"文化的落地，需要校本化的探索与实践，基于此，衢州中专着手进行四个方面的实践。

建设学生素养发展中心，创新"器"文化主阵地。坚持学生第一的理念，打造集"学习、体验、感悟、养成、展示"于一体，含"三个功能区、七个分中心"，面积达5 000余平方米的学生素养发展中心，将素养课程与活动资源整合到学生素养发展中心，使之成为学生发展的新的培育阵地，成为学生向往的成长乐园，成为校园文化创新的主阵地。一是挖掘"三区"功能，即改革发展教育区、榜样示范教育区、特色文化展示区。开展校史馆讲解，组织时政社团活动，培养学生国家认同和责任担当，肩负起国家和社会改革发展重任。举办优秀校友、身边最美事迹展示活动，引导学生做好职业生涯规划，积极发挥榜样示范作用，传递身边正能量。开展特色文化展示，如儒学经典文化、科技创新文化、"工匠"精品文化等，增厚学生人文底蕴。二是实施"七中心"运作。开展学生自我管理与服务、学生社团活动、工匠精神体验、身心健康促进、学生美育养成、生命安全与法制教育和运动管理与应急救护等七个中心常态运作，每个中心对应学生特定素养发展，实现全员、全时空、全方位打造，不断创新"器"文化主阵地。

构建"双全两自"育人模式，提升"器"文化软实力。一是构建"双全两自"育人模式。2016年9月，学校提出构建以"全纳教育为理念，以

全面素质为目标，以自我管理为途径，以自主发展为愿景"的"双全两自"校本育人模式，来推进学生核心素养培养，来开展校园文化的建设。一方面，"尊重、包容、赞美、转化"的全纳教育理念促进学生德、智、体、美全面素质发展。"一委三会"（团委、学生会、宿管会、社团联合会）的自我管理机制促进学生"全面而有个性"的自主发展；另一方面，全面素质目标指导全纳教育实践，自主发展愿景激活学生自我管理机制。二是探索"理念""模式"衔接机制。把学校学生四大核心素养的内涵与全纳教育实践、学生自我管理实践有机结合起来。内化核心素养理念指导"双全两自"育人实践，发掘每一项育人活动的作用与意义，渗透进主题课堂和班会活动；外化"双全两自"育人模式，赋予每一项育人实践校本化内涵，浓缩成《衢州中专学生手册》《衢州中专干部工作手册》《衢州中专学生素养成长手册》等，提升校园文化软实力。

推进教学诊断与改进，增强"器"文化竞争力。一是推进教学诊改行动。出台《衢州中专教学诊断与改进方案》《衢州中专高考质量提升三年行动计划》，成立教学诊改领导小组和专家委员会，建立五纵五横、"8"字回旋流程，开展课堂创新和诊断行动。组建教学改革行动组和教学调研会诊督察组，开设名师示范课、骨干优质课、新教师汇报课，促进教学研讨，提高教育教学质量，增强竞争实力。二是推动专业群建设。按照"学校对接职业，学部对接行业，专业对接产业"的思路，紧跟地方产业发展趋势，紧扣特色产业、特色小镇发展需求，瞄准高端装备制造、信息、健康、旅游、时尚等地方主导产业，建立专业动态诊断机制，适时改进专业（方向）设置，提高专业与产业的匹配度，推进机电数控、信息技术、康养服务、财经商贸、艺术设计和学前教育等六大专业群建设，推动专业发展的市场融入，提升学生岗位适应力和生长力，增强"器"文化核心竞争力。

打造德育品牌活动，彰显"器"文化新魅力。一是打造两大显性德育品牌。学校德育"红"品牌，即学生志愿服务队。学生志愿者身着红色标志，通过服务地方经济、社会发展、义化事业等培育爱国情感、责任担当，通过日常活动、问题解决、适应挑战等培育学生实践能力、创新意识，扩大学生社会参与；学校德育"蓝"品牌，即"一委三会"学生干部团队。学生干部身着蓝色标志，通过自我学习、自我教育、自我管理、自我监督、自我服务等培育学生学习能力、健康意识，促进学生自主发展。二是打造系列精品活动。成立阳光传媒模拟公司，以帮助学生提振精神、树立自信、增强才干、提升素养为目的，以策划、组织、宣传学生活动为职责，开展阳光男孩女孩评选、"金十一"技能节、"红五月"校园文化艺术节、儒学经典进校园、高雅艺术进校园、学长学霸大讲堂、校园模拟招聘会等十大精品活动，彰显校园文化的无限魅力。

校园文化是学校发展的灵魂，是凝聚人心、展示学校形象、提高学校文明程度的重要体现。在多年办学实践中，我们力求营造浓厚的文化氛围，建设向上向善的"器"文化，打造品牌特色学校，使学校成为师生舒展心灵、放飞梦想的乐园。教师在充满人情味的校园文化中，怀着快乐的心情工作，努力实现人生价值；学生能够拓宽发展空间，胸怀远大理想。师生用智慧启迪智慧，用人格塑造人格，用自己的生命之光与被点燃的火种交相辉映，从而激活课堂，服务学生。

浅谈学校文化建设与器物的关系及意义

人是文化的动物，文化由人创造，同时又成为支持或限制人的意义之网。当我们在考虑文化建设或改造时，同样需要从"意义"开始。文化的建设过程要与文化的内涵一致，应该是由信念和假设开始，进而决定文化的外显内容，并注意这两个层面之间的互动。学校文化建设在于引领学校全体成员形成共享的文化价值观和组织愿景。只有建构共享的信念，群体成员之间才有了"关系黏合剂"，文化才算有了根。

一、学校文化是超越校园文化的结果

"校园文化"不等于"学校文化"，对"学校文化"的全面理解，有助于人们从整体上认识"文化"和"学校文化"。从文化建设上看，有助于超越表浅的"校园文化"建设，还原学校文化之"意义"本色。相对于"校园文化"这一窄化的概念，"学校文化"表现出以下合理性。

（一）外延更扩大

学校文化关注的是学校组织这一主体所拥有的文化，而非指"校园内"这一空间的文化，关注与国家、社会和社区等文化之间的关联和互动，立足学校整体的发展来关注学校文化的建设。既关注内部文化的建设，也保持学校主体与社会之间的互动。学校文化建设应立足校园，放眼社会大环境，从社会大文化中汲取理念，既依托本校情况，也关注社会文化情境。这样既有助于学生对本校文化的认同，也有助于推动师生融入社会大文化；而且学校文化超越了器物层面的关注，关注了"器物与意义"的统一。

（二）内涵更丰富

学校文化的内涵包容性大。从主体上看，学校文化包括教师文化、学生文化、行政文化等；从空间上看，学校文化既包括校园空间内的生活方式，也包括与之相关的社区文化；从形式上看，既包括显性的物质环境，也包括隐性的制度与规则。

（三）有助于引导学校深层次的文化建设实践

"校园文化"在一定的时期起到了积极作用，但对于学校的内涵发展有一定的消极作用，必须要有新的概念超越这一概念。"学校文化"着重于深层次的"意义"分析，着重于组织层面的思考，可以引领学校领导从学校共享的目标和使命出发，激发主人翁精神，共同为学校和学生的整体发展而努力。

二、学校文化建设的思路

彼德森和迪尔提出了学校文化建设的基本思路：① 揭示学校隐性的价值观、信念和假设；② 确立和发展学校的使命和目的；③ 弄清可以代表学校的合适的故事、隐喻和标志；④ 设计可以丰富学校经验的仪式和典礼；⑤ 根据教育和文化需要，重新考虑实践中的领导关系；⑥ 区分、转变和治理"毒性"的教育文化。学校文化建设应该是"意义之网"的布设，应从关注假设、信念开始，并以此为核心来开展学校文化建设，基于师生共享的信念和价值观，引领全体成员的做事方式和外化的文化器物建设。

（一）彰显"意义"：揭示学校中的价值观、信念和假设

结合学校文化冰山理论，处于文化最顶层的是文化产品（校园环境、艺术活动），代表着文化符号与文化产品。目前许多中小学学校文化建设主要停留在这个层面。文化中半隐半显的层次即为学校传统和价值观，它们有时透显在相关的学校活动中，有时却隐藏在冰山水平线下。文化中这一部分的内容需要一定的努力方能理解和把握。文化中更深层次的部分是信念，即人们想当然认为正确的东西。由于信念具有一定的情感性，因此，揭示和改变起来有一定的难度。处于最深层次的文化内容即假设。价值观、信念和假设都是深藏于文化整体之中的"意义"，有力塑造着人们的行为方式和文化产品。不管如何，文化建设起于"意义"，终于"意义"，以"意义"构建"关系"，进而结成"文化之网"。

（二）共同愿景：从"价值共享"开始

共同愿景是学校文化的核心。有了共同愿景，意味着学校成员之间存在共享的价值体系，意味着存在师生共同认同、守护和期待的目标。好的学校组织会在共同愿景的引领下，形成自己的办学理念和办学追求，进而造就共同的行为规范和行为方式，并在学校文化的濡染中形成规约师生行

为的"意义之网"。

共同愿景成了学校一切行为的价值资本。它使得学校成员能够目标一致、关系密切。共同愿景由若干部分组成，其中之一就是办学理念。办学理念，顾名思义就是学校的意义追求，应该是群体认可和共享的办学目标。同时，共同愿景需要落实到课程教学及学校管理中，成为学校制度的基础和做事准则。

(三) 意义之"网"：从关系建设入手

学校文化就像一张无形的网，将学校的每一个人、每一件事、每一物品紧紧相连。我们试图建构一张"意义之网"，编织起学校文化的整体精神。网里，每一方格代表一个个体，线线相交中结成一个个点，每一点就代表学校文化中的某一价值观，点点连接，组成学校文化之网，既相互独立也彼此相依。目前，组成学校文化的子文化众多，从课程的角度区分，可分为国家课程文化、地方课程文化、校本课程文化、个人课程文化；从群体的角度区分，可分为个体文化、小组文化、团体文化、班级文化、年级文化、学科文化；从行政体系的角度区分，可分为学生文化、教师文化、行政人员文化、后勤人员文化；从表现形式的角度区分，可分为环境、艺术活动、仪式、制度；从社会体系的角度区分，可分为学校文化、社区文化、外校与本校的文化、上级部门的文化、社会的大文化。学校文化既是一种显性文化，通过各种事物作为载体彰显学校文化的内涵，同时也是一种隐性文化，还有许多意义被隐藏着，尚未被发掘，但它就像一张网中的结点，和其他文化一起构建学校文化的意义之网。

(四) 注重文化的互动与传承：学校文化作为一个整体

真正的文化建设应该是在价值传承中超越，是一种渐进式的理解与认同，而非革命式的推倒重来。这种理解与认同需要以学校中的文化传统为基点，从民族和学校传统中提炼出"核心价值观"，以此建构起个体与组织、新人与旧人、传统与现代、历史与现实之间的意义之网。片面地否定和抛弃学校的一切传统，文化是重建不起来的。同样，如果不顾个体的文化心态，文化的重建也只能是流于口头。此外，显性的文化需要以隐性文化为基础。学校文化的改变需要从冰山的最底层入手，一句话，文化建设的着力点是隐性的意义而非外显的图腾。

浅谈"器"文化在中职语文课堂中的实践与研究

近年来,笔者对中职学生及任课教师进行语文学习和语文教学的情况调查结果进行分析得出,中职语文教学需要解决以下问题:

其一,教师习惯满堂灌输,大量预设,大量讲解,大量训练,课程的程序化、格式化、机械化,导致学生学习的主动性丧失,个性化学习更是空间全无。中职学生说:我们喜欢"动"和"做",可老师就是讲讲讲,学生对老师讲的不感兴趣,于是课堂里都是"低头一族"——忙着玩手机。

其二,相对于其他文化课,中职学生普遍喜欢语文,但不喜欢语文课;他们语文能力参差不齐,每个人有自己心中的语文,每个人都期待学不一样的语文,每个人都希望得到个性化的发展。

其三,在效益至上的"质量"宗旨下,追求定量分析、精准的时间管理、精熟的教案编写和包括提问在内的精准的课堂教学行为控制技巧。对于中职学生,仅注重知识的精准"传授",而没有"实践场",语文教学就失去活力和生命力。

因此,笔者尝试以器文化为导向,创设语文学习的实践场。通过善用工具之"器",生成创作之"器",最后成就才德之"器"。

一、善于用"器",激发语文学习兴趣

语文学习包括听、说、读、写、思五大能力。然而,在学习中往往出现能力的不平衡,如何使人人各尽其才,是否人人皆能出彩?从解构人与工具的关系来看,"器",即工具。称心如意的"器",能使学习效率出现事半功倍的效果。因而笔者努力创设"中职语文学习共同体"的工具之器,激发每个学生的学习原动力。

（一）以兴趣点为核心，"组阁人员"激活力

1. 奠基式培养，激发兴趣点

我们从新生中了解到，学生的语文能力参差不齐，特长不明显，故需针对性地制订培养计划（表1），从听、说、读、写等方面挖掘兴趣，激发语文热度，提升基础能力，为构建学习共同体奠定基础。

表1 语文能力培养计划

周一	诗歌诵读
周二	阅读名著
周三	佳句摘抄
周四	诵读经典
周五	品读美文
周六	读书笔记
周日	一周随笔

2. 自主性选择，汇聚兴趣点

以兴趣为基础，遵循"组内同质，组间异质"的原则组建学习共同体。一人可参加1~2个共同体，每个共同体以4~8人为宜。如我校2017级会计2班预科班，开设了7个学习共同体（表2），在学习过程中发挥每一学习共同体的特长，展现风采，体验成就感，同时取长补短，互帮互助，实现语文能力的提升。

表2 学习共同体统计

学习共同体	名称	负责人
朗诵	不变的咏叹调	毛施雯
现代诗阅读	丢了幸福的猪	何晨
散文阅读	文忆阁	吴忆雪
名著阅读	书香红楼	余冰洁
古诗词积累	穿越时空的源泉	黄月亮
写作	小荷才露尖尖角	李钦钦
口语交际	语言桥	陈倩

3. 分角色设置，拓展兴趣点

每个共同体设立不同的角色：负责人、资料搜集人、记录人、监督人、发言人等，依次进行角色互换，确保成员有效参与交流，增强合作的有效性。其中，负责人是共同体的核心力量，通过带动学习，实现引领示范、合作共赢的效果。

（二）以开放式为主导，"多元立交"竞自由

共享的课堂：学习共同体是同伴、教师和文本进行互动交流，采取"交互式""导游式""激励挑战式"等课堂组织形式（图1），形成主动、积极、创新、自由、开放、共享的学习形式。

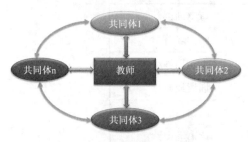

图1 学习共同体课堂组织形式图

学习共同体个体存在诸多差异性：知识经验方面存在不同，个性特征迥异，认知能力各异。因而，学习共同体既有不同的学习风格，也有独特的优势潜能，资源整合可以构成一幅充满生机和活力、多姿多彩的学习画面。

协调的过程：合作之后的汇报，是学生成就感的来源之一，但往往会出现以下现象。

【现象一】汇报时，"优等生"忙个不停，滔滔不绝，成为"贵族"；中等生、"学困生"，默默无语，成了旁观者。

【现象二】漫无边际地争论，却还是一家之言，与合作讨论的结果完全不同。在合作讨论的时候，无论是单个共同体内交流，还是共同体之间的交流，学会尊重别人、聆听别人的智慧，取长补短。

在讨论中，角色分明，每个成员各司其职，积极做好各项准备。每个学习共同体采取如下学习交流过程（图2）：

图2 学习共同体学习交流过程图

学生讨论合作的过程中，教师参与到某个共同体中，以倾听为主，不做具体的评价与指导，了解学生的学习和理解能力，为学生提供及时有效的指导。比如在小组活动开展得非常顺利、有序时，给予及时的表扬；小组活动偏离主题时，及时发现，及时制止；当小组在讨论中遇到困难时，及时点拨。交流之后，师生达成共识、共享、共进的目的。

学习共同体打破时间地点受限的传统学习模式，构建了学习、交流、展示三大平台，开启"共学"模式。

二、以生成之"器"，享学习之乐

在学习的过程中，以实践场为阵地，每一个学生都要以"成品"（即学生的创造之器）为导向，实现"授以渔"，会学习。改变枯燥乏味的"读写"教学模式，建立"实践场"，开启形式多样化、自主创新的共学模式。

（一）多形式地"读"课文

朗读是直接感受、领悟、把握文字的能力。传统的朗读方式以齐读为主，学习共同体可采用轮读、分读、对读、跟读、齐读、唱读等方式，充分发挥小学习共同体的作用。例如，学前教育班学生在学习《沁园春·长沙》一文时，竟然创造性地结合音乐旋律，把词唱了出来，这样不仅课堂活跃了，而且学生很快就把这首词背了下来。

（二）创造性地"写"作文

写作是中职学生的"最怕"，学生走出教室上作文课，用现实情境激发创作思维，如校园里夏日的荷塘、秋天的枫叶、冬日的雪花等，都在学生的笔下有了生动的描写。用"中国好声音"的模式，给学生创造作文"实践场"，使学生爱上作文课。采用仿写的方式，也利于学生动笔，如学习《我愿意是急流》这首诗时，反复赏读把学生带入情境后，给学生10分钟时间，进行模仿创作，学生也能写出不错的诗。

（三）多样化地"学"文言文

文言文是中职学生的"最难"。在调动学生积极性方面，通过"我请学生代课"的活动，拉近学习心理距离，教学效果明显。整个操作过程如图3所示：

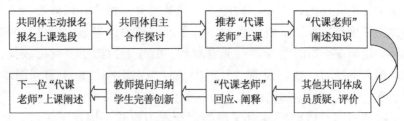

图3 学习共同体"代课"学习交流过程图

三、精雕细琢，成就"美器"

古人云，"玉不琢，不成器"。中职语文"共学"模式，以学生为主，教师为辅，尊重学生的兴趣爱好、个性与思想，充分发挥学生的潜能，自主参与其中，创设一个展现自我学习激情和潜能的舞台，每一个学生忙碌着，快乐着，收获着，享受着语文学习的乐趣，并形成了三个"学习场"。

（一）每个学生都"在场"

"给我一个舞台，也能秀出我的风采"——这是中职生的心声。共同体"给予每个人出彩的机会"，学生的思维和才干在宽松和谐的氛围中轻舞飞扬。

（二）每个学生都"上场"

口语交际共同体，让学生成为善言者；写作共同体，让学生成为智慧的思想者；古诗词积累共同体，让学生成为经典文化的传承者；阅读学习共同体，让学生成为忠实的读者；等等。同时，由课堂延伸到课外，每个共同体齐上阵，体验不同语文的快乐。

（三）形成班级学习"磁场"

共同体的实施，学生对语文课的喜爱程度逐渐上升，成绩大幅度提升，在语文学习中形成一个强大的"磁场"。

莱夫、温格认为，"共同体成员拥有不同的兴趣，对活动做出不同的贡献，并且持有不同的观点""多层次参与是实践共同体的成员关系所必需的"。[1] 另一方面，共同体又是新的学习方式，语文课程不仅具有工具性和人文性，还有强烈的实践性。语文课程如果失去实践性，学生所"学"得的，将仅仅是"呆滞"的知识，而不能有智慧的增长。共同体在合作实践中成长，知识才变为"骨骼、血和肉"。

---

[1] [美] J. 莱夫，E. 温格：《情景学习：合法的边缘性参与》，王文静，译，上海：华东师范大学出版社，2004年，第45页。

点燃中职生心中那几近泯灭的兴趣之"灯"、信心之"灯"和自强之"灯",是教育真正的基础。因此,我们提出共同体是激发学生的"思维火种",是点燃学生"兴趣之灯"的理念,并通过教学组织形式的改变和一系列行之有效的激励策略,真正做到把自主留给学生,把课堂还给学生,学生能享受"鲜活"的"成长"快乐。

人才培养篇

从总书记选人用人"5字真言"谈企业对人才的"器质"需求

2018年1月,《求是》杂志刊发了习近平总书记的《努力造就一支干净担当的高素质干部队伍》一文。习总书记新时代选人用人的理念可以概括为5个字:学、德、公、宽、管。笔者认为,5字真言不仅仅是选用干部队伍要求的精练概括,同样也适合企业选人用人的理念标准。下面就结合个人拙见,谈谈教育应该培养出具有怎样"器质"的学子,以符合企业对人才的"器质"要求。"器质"指的是一个人的才识和素质。

一为"勤学"。勤学就是要勤奋学习,善于学习,坚持学习,活到老、学到老。在这个信息爆炸的时代,新知识新技术新变化层出不穷,变就是这个世界的主题,你若为只学习了课堂上一点知识而沾沾自喜,你若倚老卖老吃老本不学新东西,自然会有勤奋善学的人超越你,你就会在竞争中被淘汰。大凡卓有成就的人,都是会源源不断地汲取新营养的人。要成为大器,不断更新知识和技能是基础,创新是生产力,否则,落后必然要挨打。

二为"忠诚"。忠诚就是要忠于自己所在的集体、所在的单位,忠于党和人民,为人诚实守信。从古至今,历史上的奸臣不计其数,轻者出卖友人,重则出卖国家,成为卖国贼。不过,纵观历史,邪不压正,奸佞之人最终也没有落得好下场,历史最终还是在忠诚的人民的推动下向前迈进。当今社会,有才的人比比皆是,网红遍地都是,但是,能够获得身边人赞赏、能够获得社会赞誉、能够流芳百世的,还是忠诚于集体、忠诚于单位、忠诚于党和国家的人。凡能成为大器者,必然是忠诚之人,忠诚也是企业最看重的品格。

三为"厚德"。德包括政治品德、职业道德、社会公德、家庭美德等,要做到爱国爱党爱人民,做到恪守职业操守、文明礼貌、助人为乐、爱护公物、保护环境、遵纪守法、尊老爱幼等，厚德方能载物。有的人很有才气，但是不遵守社会公德，不懂得尊重他人，以损害他人和集体的利益来赢得一己私利，这样的人，纵然有才，也是不受邻里待见，不受企业欢迎的。当今社会，虽然不乏浮躁戾气之人，但是，身边果真出现无德之徒，那是会被各种公共媒体和自媒体讨伐到无处安身的，这样的案例举不胜举，这就说明厚德是成大器的重要条件。

四为"担当"。担当就是要勇于承担责任，有作为，有担当。清朝的李渔《比目鱼·伪隐》中写道："不用谄谀，方见才能，好担当，好担当，怪不得人人敬！"[1] 其大意是：担当不仅要敢于承担责任，而且要干净、无畏，但凡敢担当者，必定受到人民的尊敬。有的人与人共事，有功劳抢着要，有问题有错误了就推得一干二净，毫无担当。殊不知，毫无担当之人，只能赢得他人表面上的尊重，甚至连表面上的尊重都很难维持；而有担当的人，却能赢得他人发自内心的好感和尊重，会团结身边之人赴汤蹈火，最终助力自己成为大器。可见，担当的器质，是何等的要紧！成大器者，必须有所担当。

五为"协作"。协作就是合作，是个人与个人、群体与群体之间为达到共同目的，彼此相互配合的一种联合行动、方式。作为一个社会人，许多目标的达成不是靠一己之力，而是要相互协作的，否则就会导致"100-1=0"。团结就是力量。2019年春节票房最高的电影《流浪地球》最后就是众多人力、众多力量的合作才拯救了地球。试想一下，如果我们所住的地球未来真有灾难，如果人类不团结协作克服困难，哪一个人又能全身而退呢？所以，要成大器者，必须学会与他人合作共赢，才能走得更远。

综上所述，教育要培养出勤学、忠诚、厚德、担当、协作的器质学子，方能满足企业需求，方能满足新时代总书记选人用人的理念，方能实现强国梦。

---

[1] [清] 李渔：《李渔全集》（第5卷：笠翁传奇十种·下），杭州：浙江古籍出版社，1992年，第182页。

中职学校"红色蓝领"培育探索与实践

一、问题提出

党的十九大以来,特别是全国教育大会和全国学校思想政治理论课教师座谈会上,习近平总书记强调要全面贯彻党的教育方针,培养德智体美劳全面发展的社会主义建设者和接班人,这是对学校育人工作的政治要求。新时代中国经济要实现高质量发展,产业要升级转型,对职业学校培养的人才技能又有更高要求。就中等职业教育现状而言,党的教育方针贯彻不够深入,不够充分,大部分学生爱党爱国的情怀不够真挚,对实现中国梦的远大理想缺失。中职学校普遍存在重专业、轻文化,重技能、轻德育,重行为习惯培养、轻理想信念教育等问题。

基于以上思考,职业学校必须围绕"培养什么人、怎么培养人、为谁培养人"这一根本问题,更新理念,创新载体、丰富内涵,探索新路。笔者在担任衢州中专校长后,进行了一系列实践探索,实施"红蓝工程",将德育工作与技能人才培养有机融为一体,在学生心中烙下红色印记,在学生身上铸就蓝领本色,培养拥护中国共产党领导和我国社会主义制度、立志为中国特色社会主义奋斗终身的"红色蓝领",将立德树人根本任务重重落地。

二、实施过程

(一)营造红蓝融合文化

根据"勤而立信,忠以成器"的校训,衢州中专凝练了"善用器、创造器、成大器"的"器"文化。"善用器"是指学生通过在校3年学习,能够熟练使用专业工具,掌握分析问题、解决问题的方法;"创造器"是指学生能够利用自己的智慧和学到的知识技能，创造出自己的作品；"成大器"是指学生通过学习与锤炼，成长为爱党爱国、立志报效祖国的有用之才。"善用器、创造器"是对蓝领工匠的技术期盼，"成大器"是对红色接班人的政治要求。精心设计的红色长廊、泛在的社会主义核心价值观、随处可见的文明标语、名人雕塑、毕业生赠送的感恩石群、每周一次的爱国礼（即升旗仪式和国旗下演讲）、每年一次的红色歌曲大赛等，给学生绘就耳濡目染的红色画卷；设立工匠精神体验中心强化匠心体验，用"精工、尚工、竞业"等命名实训楼，师生自己设计并制作鲁班锁雕塑和"匠心赋"，设计蓝衣红领的学生实训服，邀请各级劳模、技能大师、企业家等参加学校每年一次的工匠礼，向学生传递匠人匠心的蓝领精髓。

（二）打造红蓝融合课程

开齐开好思政课，校领导亲上思政课讲台。在学生中广泛成立新时代马克思主义学习小组、时政社团，开设时政专栏，举办党校、团校，每年递交入团申请书1 000余人、递交入党申请书200余人，部分被吸收为入党积极分子。把介绍两弹功勋钱学森、超级水稻之父袁隆平、全国劳模许振超等英雄事迹的校本读本《大国巨匠》，介绍我校优秀学子故事的校本读本《中专骄傲》等作为必读教材，在红色课程中凸显蓝领本色；通过课前实施时政播报小环节，课中借助课程核心素养清单、落实德育网格化培育，在文化课、专业课和实训课中渗透德育内容，课后开展课程德育专项评价，在蓝领课程中融入红色教育。

（三）创设红蓝融合阵地

创新学习空间设计，建设面积达5 000余平方米的"学生素养发展中心"，包含红蓝融合教育的三馆和七个分中心。"三馆"即学校改革发展展示馆、中专骄傲学子展示馆、红色印迹演播馆，学生置身其中感受衢州和学校巨大发展变化带来的震撼，接受优秀毕业生事迹的引导和红色主题影视作品的熏陶；同时，设置学生自我管理与服务、社团活动、生命安全与法制教育、身心健康促进、工匠精神体验、美育养成、素养展演等七个分中心，涵养学生工匠精神、职业精神和专业精神，提升综合素质。该中心集"学习、体验、感悟、养成、展示"等功能于一体，强化了课堂教育所缺乏的现场感。

（四）开展红蓝融合活动

将学校小课堂与社会大课堂相结合，以青年志愿者的红色马甲为标志，组建英烈巡护、"三下乡"、义务导游、文明劝导等20余支志愿服务队，开展"志愿红"服务活动，承担社会责任，年参与人次4 000人以上；以蓝色（学校校徽校服的底色）为标志，在校内全面实施"自主蓝"成长项目，赋权学生开展自我管理，唤醒学生主体意识。设立学生自主运作的办事大厅，向全体师生提供咨询、活动报名、票务、校园导游、义务维修等全方位服务；成立学生自主运营的阳光文化传播公司，按照"学校搭台、老师引导、学生唱戏"原则，打造"两节两会两进两出两赛"等十大品牌活动，把主席台让给学生就座、让话筒响起学生自己的声音，帮助学生重塑自信、锻炼能力、培养责任担当。

三、特色创新

（一）在学生中唱响红色蓝领之歌

将德育工作与技能人才培养有机融为一体，传承蓝领中的红色基因、强化红色接班人的蓝领情怀，培养红色蓝领，让德育工作有理念支撑、创新载体、丰富内涵。

（二）德育工作阵地创新

创新学生学习空间设计，建设德育为先、五育融合，集"学习、体验、感悟、养成、展示"等功能于一体的学生素养发展中心，强化课堂教育所缺乏的现场感。

四、取得成效

（一）形成德育品牌

"红蓝工程"逐渐形成红蓝品牌。2016年，学校被评为浙江省优秀志愿服务集体、衢州市文明创建最美志愿服务队；2017年，学校"中专红·蓝"入选浙江省中职德育品牌项目，学生核心素养培育模式被教育部官网推介；2018年，学校"中专红"被评为衢州市中小学"一校一品"党建特色品牌，校团委被团中央授予全国五四红旗团委称号，学校被评为全国中学生志愿服务示范学校，志愿服务团队获评全国"三下乡"社会实践活动重点团队；2019年，学校被浙江省教育厅推荐参评全国职业院校学生管理50强。

（二）培育最美学生

业余党校、团校、思政类社团每年培训学生500余人，每年应征入伍学生100余人，每年递交入团申请书1 000余人，团员青年比例达56%以上，每年递交入党申请书200余人，部分被吸收为入党积极分子。毕业生遍布衢州各行各业，省市级专业技术能手、青年岗位能手、"衢州百工"、劳动模范频现；在全国"最美中职生"评选中，衢州中专成为全省唯一一所连续四年上榜学校。走出了全国"最美中职生"标兵1人，全国"向上向善"好青年1人，全国"最美中职生"4人。此外，还有多人被评为省市最美中职生、"最美衢州，身边好人"、衢州市星级志愿者等，在刚结束的全省中职学生职业技能大赛"VR制作与应用"项目中，衢州中专夺得一等奖（全省第一名），入围全国大赛。

五、下一步展望

我们将继续深入贯彻习近平新时代中国特色社会主义思想和十九大精神，落实全国教育大会和学校思想政治理论课教师座谈会精神，落实《国家职业教育改革实施方案》，进一步加强和改进新时代中等职业学校德育工作，不断探索落实立德树人根本任务的途径和机制，深化实施"红蓝工程"，为党育人，为国育才，为衢育匠，为地方经济社会发展做出新的更大贡献。

基于"供给侧"视角的中职会计人才培养探讨

一、引言

"供给侧改革"在2015年由习近平总书记提出后,成为高频词汇,广泛出现在各领域。供给侧结构性改革就是从提高供给质量出发,用改革的方法推进结构调整,扩大有效供给,提高供给结构对需求变化的适应性和灵活性,提高全要素生产率,更好地满足广大人民群众的需要,促进经济社会持续健康发展。经济、产业、社会的深入调整,启发了整个教育行业的深度思考。当前,学校积极推广慕课、微课等新兴教学方式和手段,尝试"互联网+会计教育",试图扭转会计专业填鸭式的理论灌输方式,增强教学的趣味性和教育的实践性,但会计人才供给结构失衡使得从"需求侧"管理为主过渡到"供给侧"改革,对会计教育特别是中职会计教育提出了新的要求。中职会计专业人才培养如何适应这种变革、影响和挑战,成为中职学校的重要课题。

二、当前中职会计专业人才培养存在的问题

(一)就业错位问题

近年来,中职毕业生就业形势一片大好,一次就业率达95%以上,专业对口率达80%以上。然而,笔者通过调查发现,中职会计专业毕业生就业对口率不到10%,更多的会计专业毕业生在商贸、电商等领域从事营销、文员等工作,由此造成会计人才培养与社会需求错位,中职会计专业陷入了毕业生相对过剩的尴尬境地。而在人数过剩的同时,招生计划性和学生选择性的矛盾,专业性和地域性的结构性失调,也成为学校在需求侧改革大环境下出现的艰难问题。因此,在供给侧改革的推动下,建设中职会计

专业，必须明确专业服务对象，了解行业人才质量标准，确定人才培养类型和人才培养体系，整合师资队伍建设，改革教育教学模式等问题，使人才培养与社会需求相契合。

(二) 师资队伍问题

建设"双师型"教师队伍，已经得到中职学校的广泛认同，并且各学校也为增加"双师型"教师人数采取了一系列的激励措施。但是，会计专业教师基本上是从校门到校门，基本上不具备一线行业或企业实践经验，仅仅是考取的会计师、经济师等专业职称证书，教师的实训指导能力薄弱，而且真正的"双师型"，特别是有企业财务部门工作经验的很难引进，因此，会计专业教师是清一色的理论型师。即便教师下企业锻炼，鉴于学校课时或企业担心机密外泄等原因，真正建设"双师型"师资队伍无法实际落实。特别是很多学校不切实际地追求985、211等高层次人才引进，而不注重自身教师的企业定岗实践和跨界学习，要实现向"双师型"师资队伍建设转型，只能是个愿望。

(三) 课程教学问题

目前，中职学校会计专业的课程设置仍然以理论为主，如基础会计、财务会计、小企业会计、财经法规等，教学模式以灌输式教学方式为主，以教材、课堂和教师为中心。虽然在课程设置上加大记账凭证填制、会计电算化等实践课程，教学上已经开始加大案例教学、微课教学等方式，但在适应市场适应经济发展方面还做得不够。尽管结合研究项目进行案例教学，启发式、讨论式、参与式教学，并且产学结合、校企合作项目早已推广，但完全落实到位还存在许多问题。例如，学校层面缺乏推进教学改革的激励措施，教师不愿学习新知识、新方法，学校管理水平有问题等，使得传统的课程设置和教学习惯在教师教学过程中依然根深蒂固。

三、供给侧结构性改革下中职会计专业人才培养路径

(一) 转变专业建设理念

会计专业是实践性很强的专业，特别是中职会计专业，人才培养要向应用型、技能型转变。在教学过程中要尤其重视实践环节的教学，并把实践教学搬到实际的企业生产过程中去，而不仅仅是观摩和认知，或者尽量模拟生产实际，使学生在知识学习、能力培养和素质教育方面具备职业化特征。首先，要建立合理的专业建设理念，捋顺专业建设思路。把一些不适应社会发展的部分舍弃，增加适合经济社会发展的课程和实践。并且根

据学校具体情况选择性地分层分方向培养，但以应用型、技能型人才为主。并在行业内、区域内中找准定位，找到毕业生就业的渠道，有针对性地培养，要体现为地方经济发展和产业升级对高素质技能型人才的需求。其次，理念包含特色性。不同区域的不同性质的中职学校量身打造适合自身办学特色的就业渠道。例如，有的主要向金融业输送人才，有的主要向施工单位输送人才，有的主要向农村小企业输送人才，等等。这些都是办学特色的体现，以特色求生存，求质量，与产业需求相结合，能够更好地增强学生的就业竞争力。最后，会计专业发展要有预见性。只有根据社会发展趋势和教育发展的规律，合理预见专业发展趋势，及时调整专业建设思路，才能引领地方经济发展，推动社会进步。

（二）优化会计专业课程结构

中职教育快速发展，会计专业招生人数居高不下，专业对口率极低，人才培养成效低，不能适应产业转型升级的要求。在供给侧改革发展情况下，优化会计专业人才培养的课程结构，优化学生的知识结构和能力、素质水平，培养学生适应产业结构优化升级，从而更好地迎合社会发展需求，这也是当下中职会计专业人才培养的关键。首先，提高会计专业实践课程的比例，注重理论与实践并重，培养应用型、技能型的会计专业人才。其次，提高实践课程质量，不能简单地将实践课程设置为去某个企业参观学习，只看到表象的东西而不能了解到会计工作的本质，学校应该选择优秀的合作企业，让学生有足够的时间在本专业岗位上进行实践学习，不断提高专业能力，提前适应社会经济新常态的发展，从提高学生自身专业水平的供给侧方面，提高中职会计专业人才培养水平，提高产业服务能力。最后，优化课程配套内容，市场营销、电子商务、云计算、物联网等新兴产业的发展对财经专业课程设置提供了新的方向，传统的会计专业课程不足以满足现代社会发展的需求，而提高电商等新兴产业专业教学内容能够提高中职会计专业对产业发展的适应能力，满足供给侧改革对人才发展的需要。

（三）开展教师企业专家双向流动

要培养适应社会发展的学生，教师首先应具备将学科专业知识转化为产业行为的能力。这就要求专业教师队伍中不但有领军人物，而且需要有企业实践背景的"双师型"教师，或者直接从企业聘请业内专家或技术能手，参与教学团队，通过学校与企业联合办特色班，促进产学结合，增进学校与企业合作力度，让一线教师与企业专家相互流动，让一线教师也能有企业工作经验,改变教师队伍的知识和能力结构。并且制定相关政策支持中青年专业教师到高职院校和大型企业访学研修,从提高教师能力入手,提高会计人才培养的质量。

(四) 打通会计专业壁垒限制

会计专业所含的内容是动态变化的,而随着社会经济的发展,对人才的要求越来越高,以会计专业为基础的多功能复合技能型人才成为社会经济发展需求的重要人才类别。供给侧结构下,中职会计与高职会计专业、普通高校的会计专业相比较处于劣势,因此,培养能吃苦的技能复合型人才成为当前经济社会发展的主要方向。首先,打通专业壁垒,充分考虑到学科间的整合和联系,按照"以宽为主、宽窄兼顾"的原则,合理确定专业口径,会计专业分层分方向,与商贸类结合,打通各个专业之间的壁垒,学生在主攻会计专业的同时,能够深入接触到商贸类等其他专业知识,打造一专多能的人才培养模式。其次,在教学方法上,激励教师在教学中根据专业特色,采取讨论法、任务驱动教学法、自主学习法等多种教学方法,同时实行"三个课堂"的人才培养方式,即第一课堂的课程教学、第二课堂的校园活动、第三课堂的社会实践,把学生培养成真正自由的、全面发展的人,而不是把人培养成作为工具的人、片面发展的人。

四、总结

供给侧改革是我国社会经济发展转型关键时期提出的,致力于优化产业结构,改善疲软的经济发展态势,提高人们的生活水平。中职学校作为为社会培养人才的供给方,也需要进行相应的供给侧改革,在供给侧改革中,会计专业对于人才的培养应该围绕改革的关键点,在发挥学科教育优势的同时,加大对人才培养的力度。中职会计专业人才培养面临就业错位问题、师资队伍问题、课程教学问题等重要问题,也是需求端拉动经济增长环境下出现的问题,只有通过供给侧与需求端联动发展,转变会计专业建设理念,优化会计专业课程结构,开展教师企业专家双向流动,打通会计专业壁垒限制,培养一专多能肯吃苦的复合技能型人才,为社会发展更好地做贡献。

"器质"教育如何适应企业的人才需求
——以电商专业为例

从1997年开始中国电子商务的发展就一直没有停下脚步,阿里巴巴、淘宝、京东商城、苏宁易购等电商公司的纷纷崛起昭示着电子商务产业正式升级为一个朝阳产业。根据有关资料的统计,国内登记在册的电子商务企业有1 000多万家,其中大中型企业有10多万家,非电子商务企业但从事电子商务业务的更是不计其数。笔者在国内著名的招聘网站"前程无忧"上搜索发现,与电子商务相关的岗位在近六个月内发布数达到13 289个,其中面向中职生的岗位900余个。

这些数据是否表明中职电子商务专业的就业对口率很高呢?笔者跟踪调查我校2010届至2013届中职电子商务专业毕业生就业情况,发现情况截然相反,毕业学生的对口就业率不到15%。这种强烈反差让我们清楚地认识到中职学校培养的人才与社会需求的人才之间存在很大的偏差。造成这种偏差的因素有许多,如教学方法落后、师资力量薄弱、技能训练不足、校企合作不深入等,但笔者认为根本原因是对专业的核心技能定位模糊,导致培养目标不清晰,学生不具备企业岗位需求的能力,最终出现低对口就业率。

一、中职电子商务岗位概况

"前程无忧"网站的招聘信息反映了企业的真实人才需求,在全国各地的13 289个岗位中,由民营公司及其他中小企业发布的岗位为10 957个,占总数的82.5%,其他依次为合资企业、外资企业、国有企业、事业单位、非营利机构等,这说明中小企业已然成为电子商务发展的主力军,中小企业的运行模式正处在转型时期,传统业务的电子商务化和新的电子商务业务的发展促使其需要大量的电子商务人才。这些岗位学历要求为本科的岗位有 2 234 个，占总数的 16.9%；学历要求为大专的岗位有 7 091 个，占总数的 53.4%；学历要求为中专的岗位仅有 836 个，占全部岗位的 6%。这体现了企业对电子商务人才学历的要求是越来越高，中职生要通过各种方式提高学历。针对中职毕业生的岗位需求主要定位在应用操作型，即直接动手操作的一线员工，例如网络客服、打包员、推广员等。

二、中职电子商务岗位剖析

（一）从岗位名称定人才培养方向，向上向善成大器

针对中职电子商务专业的应用操作型岗位名称五花八门，例如电子商务专员、电子商务经理、淘宝客服、电子商务客服、电子商务推广专员、电子商务运营经理、网络优化专员等，详细见表1。

表1　岗位统计表

岗位类别	岗位名称	岗位所占比例
商务类	电子商务专员	15.3%
	电子商务文员	13.9%
	客服专员	30.6%
	电子商务推广专员	8.7%
	淘宝客服	16.7%
技术类	电子商务系统设计专员	1.1%
	平面设计	1.8%
管理类	网络优化专员	8.4%
	电子商务运营主管	3.2%
	电子商务经理	1.3%

根据岗位的名称结合岗位的工作实质，将岗位分成三大类，分别是商务类、技术类和管理类。商务类岗位主要是利用电子商务技术开展商务活动，如网络营销、物流、客服等；技术类岗位主要是为实现电子商务所具备的计算机专业技术，如网站建设、网页设计、平面设计、系统设计等；管理类人才主要是为发展电子商务而进行的战略规划组织管理等。从表1的分析结果得知，中小企业对商务类人才的需求是大量的，占总岗位的85%左右。所以中职电子商务专业应该以培养商务类人才为核心，辅助计算机

技术的学习和管理能力的培养，结合"器质"教育养成。以客服人员为例，学生"器质"教育的养成应该注重学生礼仪规范教育，让学生在学校就养成以礼待人、严以律己、宽以待人的品质。在处理顾客咨询投诉等问题时能够调整心态，具备较高的职业素养。

（二）从岗位要求看专业核心技能，勤学勤思立常志

培养方向确定为商务类人才后，针对商务类岗位的具体工作职责及工作要求来剖析电子商务专业应该具备的核心技能。由于企业对同一岗位的具体要求不尽相同，因此，笔者采用典型性分析方法来解析。商务类岗位进一步概括可以分为客服类和网络营销类。

中职电子商务专业的核心技能的准确定位一直是困扰电子商务人才培养的主要难题，需要众多专家、学者不断研讨。如果电子商务专业不能提炼出核心技能，那么它将永远成为计算机专业和市场营销专业的替代品，在技术上不如计算机专业，在营销上又跟不上市场营销专业。庆幸的是，社会电子商务发展的大方向是正确的，企业对于电子商务人才的需求也是非常广泛的，只要我们能正确定位培养目标，电子商务的未来会一片光明。同时也要不断思考、不断探索，围绕核心技能进行教学改革，多重渠道培养电子商务专业学生的核心技能，提高中职生就业竞争力和可持续发展能力。

"器质"教育要注重培养学生的工匠精神，培育工匠精神主要有三个方面的内容：一是培养学生的专业精神，学生在特定的专业领域内有一定的造诣，能够潜心于专业领域内的研究，并坚持不懈地融入专业化生产；二是培养学生的奉献精神，学生能够忠诚于职业，不为外界诱惑所动，时刻坚守专业岗位；三是培养学生精益求精的精神，对产品追求卓越，高职教育要遵循技术理性与价值理性相统一，要从现代化、职业化的角度去理解和把握职业精神和工匠精神的关系，把工匠精神当作现代职业教育的灵魂和每一个职业者所追求的精神境界。

浅谈美术设计人才"器质"培养

"器"既承载着深厚的文化底蕴,也体现着积极的现实意义。衢州中等专业学校就结合金庸先生为学校题写的"勤而立信,忠以成器"校训,指向性地提炼出"善用器、创造器、成大器"的"器"文化,让校园文化与核心素养培育工作相辅相成。

职业素养是每个职业人都应该具备的基本品质。良好的"器质"对中职学生踏入社会、提高竞争力具有重要意义。目前中职教育更多的是注重学生的技能型培养,而职业素养则处于边缘化境地。面对严峻的就业压力,注重培养中职学生"器质"素养教育,提高学生就业意识,是中职教育面临的重要课题。

一、当前中职艺术设计专业职业素养教育培养现状

艺术设计专业之所以"火爆",首先是因为我国经济正处于快速发展阶段,这极大地刺激着人们对艺术设计产品的需求,艺术设计所涉及的行业发展潜能巨大,需要大批有艺术修养、有创新能力并受过专门训练的设计师。另外,虽然美术设计专业每年的学费相比普通专业要昂贵一些,但高投入与高回报成正比,很多毕业生走上社会后的收入颇丰,这也刺激了一些学生走上美术设计之路。

中职教育和中学教育的巨大差异,使学生的学习目标和学习计划容易处于笼统的状态,很多学生一下子适应不了,缺乏具体阶段性的具备日常操作意义上的目标和计划。有了理想和目标的学生,开始早早规划自己的人生目标,并为实现这一人生目标而努力,学习的动机就很强。有自己的理想和目标的部分中职美术设计专业学生表示自己的中专生活比较充实,每天忙忙碌碌,学习好专业知识的同时,还能自己主动加强实践技能的培养,为进入社会做好准备。

二、"器质"教育的内涵

职业素养教育是指人们从事相应的职业所具备的个性心理品质，是从事专门工作的个体自身所应具备的条件。每个劳动者，无论从事何种职业都必须具备一定的思想品德、科学文化等职业素养。一个人对职业的适应与不适应，主要取决于其职业素养能否达到职业要求，不同的职业对个体的不同要求就是对其适应能力的特殊要求。作为美术设计专业的学生，具有良好的审美能力、过硬的设计能力、创新的工作能力是"器质"教育在美术设计专业领域培养的目标。

"器质"教育是后天学习实践培养得来的，是决定职场成败的重要因素，是职场制胜、事业成功的第一法宝，是人才选用的第一标准。"器质"培养的意义在于，它是职业成功的主要条件，它决定人获得的职业岗位，它决定个人的职业成长。因此，中职美术设计专业学生必须及时有效地加紧各种相关素养培养，使自己成为社会合格及优秀的毕业生，为自己的职业生涯铺平道路。

三、中职艺术设计专业"器质"教育的策略和实施途径

（一）提高学生的专业知识技能

根据市场需求变化，吸收引进最新的成果，建立专业实训室。笔者通过调研发现，美术专业现有的传统软件教学已不能适应现代化的需求，必须尽快建立专业实训室，让学生快速掌握专业技术，从而使学生适应国内的设计需求。

建立校企合作，实施"工作室化"教学模式。利用企业使学生的专业知识尽快达到用人单位的需求。突破只挂实习基地的牌子而缺乏实质合作的怪圈。实施"双师双徒"培养模式，请企业实战经验丰富的技术骨干给学生上课，使学生在工作之前就参与专业技能实战，并了解行业的规范管理等。

实行老带新制度，鼓励老教师进行校外培训。进一步提高年轻教师的师范技能，实行老带新制度，选取优秀的老教师指导新教师的教学，以此提高年轻教师的专业知识教学的传授效率。同时，鼓励老教师进修或者培训，通过学习，专业知识不断更新，教学水平不断提高。

（二）加强对学生职业态度的引导力度

一方面，开展好第二课堂，提升学生的职业意识。职业意识的培养主

要体现在思想素质方面，通过开展第二课堂，培养学生的团队协作精神，让学生领悟到团队的重要性。另一方面，邀请成功校友与学生交流，对学生开展职业规划教育，通过校友的现身说法，帮助学生正确认识行业特点，指导学生进行职业规划。中职教育的发展与社会的政治、经济、文化发展休戚相关，对中职学生职业素养的培养是系统工程，需要学校、家庭、社会、企业等方方面面的通力合作。美术专业学生的特点有其个性的一面，因此，本文对美术专业学生的职业素养探析只能是管中窥豹，但客观分析其职业素养缺失的表现，找到有效的培养途径具有现实的意义。

美术设计专业要注重学生职业素养的培养与塑造，培养学生具备良好的职业道德和行为习惯。同时要结合学生的职业生涯规划，培养学生良好的职业道德、职业行为习惯、职业技能，提高学生自身的就业竞争能力和岗位适应能力，才能使其成为行业满意的高素养高技能专业人才，形成学校的办学特色。总之，中职美术专业学生"器质"的培养是目前中职教育的重要任务之一，而这一任务的进行，需要学校、教师及学生三方面的协同配合才能有效。

自主发展育人模式在中职德育课的实践

中职学校早已开启内涵发展的模式，随着中职学校生源质量的日益提高，学生行为规范管理难度在下降，教学质量、身心发展、人文素养等越来越被重视。2016年9月，教育部发布的《中国学生发展核心素养》中指出：中国学生发展核心素养，以科学性、时代性和民族性为基本原则，以培养"全面发展的人"为核心，分为文化基础、自主发展、社会参与三个方面，自主发展又分为学会学习和健康生活两大素养，我校根据这一精神结合中职生的特点提出了"双全两自"的育人模式，即全纳教育、全面素质、自主发展、自我管理。中职学生相对普通高中的学生而言，他们将更早地迈向社会，是不折不扣的"准职业人"。现在中职学生大部分是独生子女，在家长的溺爱呵护中长大，往往生活自理差、团体意识少、自我管理能力弱等，且大部分同学因为学习能力差、自控能力较弱，学习成绩差，对学习有很强的抵触心理，大多数学生缺乏可持续发展能力，这些都给管理者管理带来很大的困扰，也成为学生发展的主要障碍，因此，培育学生的自主发展素养意义十分深远，中职德育课也是践行这一理念的重要阵地。

一、自主发展模式培育的内涵具体化

（一）培养健全人格，帮助学生学会自我认识

"我是谁？""我是怎样一个人？"进入中专阶段的学生开始关注自己了，但人最难的是客观认识自己。"心理健康"是中职德育课的重要内容，也是深受学生喜爱的课程，教育的目的是培养学生健全人格；《中国学生发展核心素养》中对"健全人格"的解释是：具有积极的心理品质，自信自爱，坚韧乐观；有自制力，能调节和管理自己的情绪，具有抗挫折能力；等等。教师在学习中帮助学生认识和体会心理问题，为走出学校后面对复杂的环

境能提高适应能力，最终实现他助、互助和自助。

1. 在课堂中传授心理健康知识

心理健康教育课要针对学生特点，有选择、有规划地进行有关心理知识的讲授，学生通过学习心理健康知识、训练心理素质、陶冶心理品质，实现健全人格的目的。他们在原有基础能够重新认识自己，强化自我意识，最终树立起符合社会发展需求的世界观、人生观和价值观。

2. 在活动中学会心理自我矫正

德育课教师可以与学校心理咨询室一起，帮助有轻微心理障碍的学生进行心理疏导和心理矫正。学校建立心理咨询站可以给来访者以帮助和疏导，以缓解或消除来访者的心理障碍，促使其心理和人格向健康方向发展；心理宣泄室可以给学生压抑的心理提供一个宣泄的途径，避免因心理问题积压太多而积重难返。

担任心理健康课教学的老师不仅是学生的良师，更是学生的益友，中职学生存在的心理问题不能回避和忽视，应拿出切实可行的办法，帮助他们迅速摆脱不良心理的羁绊，在人生的道路上平稳健康地走下去。

（二）制定职业规划，帮助学生学会自主规划

1. 职业体验，学生职业的第一印象

入学的第一周，学校就组织高一新生进行职业体验，成功的职业体验能大大激发学生的学习热情。初中毕业生一般只有十四五岁的年龄，当初选专业时大多受家长的影响比较大，对自己选择的专业是怎么一回事，心里是一片茫然，所以谈不上什么学习动力，如何在新生入学之初就激发其学习热情，使其对所选专业有一个美好的憧憬，职业体验的力量可谓不小。护理专业的学生参观了医院后大多数对护士这个职业就充满向往：医院环境好，护士受人尊重，待遇好。德育课上老师根据这一情况再烧一把火，向学生说明该专业的现状和未来的发展前景，列举优秀毕业生的成就，如此这般绝大多数学生对学好护理专业信心百倍。

2. 认识自我，职业规划的第一任务

学生要进行职业规划，首先要对自己的情况有一个比较清楚的认识，分析学生不同的性格特点，引导他们根据自己的兴趣爱好、家庭条件和身体条件，选择自己适宜的工作，同时要注意引导他们逐步树立对所学专业的兴趣和责任感。

3. 课堂教学，规划职业的第一阵地

根据浙江省选择性课改的要求，学校将"职业生涯规划"课程纳入学校的必修课程，是高一年级德育课教学的内容。主要传授职业生涯规划的理念、知识与策略等，培养学生进行职业生涯规划的能力。帮助学生树立职业目标并制定翔实的措施，初步学会自我管理、自主发展。

（三）培养良好习惯，帮助学生学会自主学习

中职生是中考的失利者，主要表现在学习基础和学习能力相对较差，最重要的是学习习惯差和学习方法不得当，造成他们对学习全新的专业基础课和专业技能课，存在不同程度的困难，学习的信心也在不断地丧失。

1. 以德育课为基础，让学生树立明确的学习目标

第一个学期的学习内容是"职业生涯规划"，学生能对所学专业和将从事的职业有明确的认识，学了一段时间的专业课后，逐渐了解本专业的知识、技能和能力，慢慢培养专业兴趣，从而树立明确的专业学习目标，端正学习态度，产生学习动力。

2. 以德育课为抓手，让学生养成良好的学习习惯

好的习惯是受用终身的，好的学习习惯也是一辈子受益的。学生初中成绩差很大程度上是因为学习习惯差，德育老师要在课堂上让学生养成良好的学习习惯，比如：课前要预习，课后要复习，上课要认真，笔记要勤记，作业要及时，等等。学生学习成绩有所提高后，慢慢地尝到甜头，好的学习习惯就在不知不觉中养成了。

二、自主发展模式培育的过程载体化

中职生自主发展素养内涵的落地需要一定的载体，教师、课堂、活动三者相辅相成、缺一不可。

（一）教师教学观念的转变是素养培育的前提

以培养学生的核心素养为纲的教学改革是学校教育改革的3.0版，德育教师更应该有敏锐的敏感性，站在改革的前沿，从惯用的情感态度价值观的三维思维向核心素养转变，在课堂教学中进行渗透，转变教学理念和教学行为，不断提高教学质量。

（二）生动有趣的德育课堂是内涵落实的关键

打造快乐有趣的课堂，让学生在快乐中学习，是德育老师追求的方向。中职政治课教学一直受到教材、教法等的制约，存在课难上、学生不愿听、不喜欢看书等问题，课堂效果不理想，政治课很难成为学生最喜欢的课。

教师要多途径多维度地让政治课活起来、乐起来，制造轻松氛围，打造快乐课堂。好的课堂需要教师不断地激发学生的思维，师生互动就变得很自然。教师要抛出激发学生兴趣的问题，会倾听学生，对学生的反应进行及时的评价，根据师生互动情况调整教学策略。

（三）踊跃参与的活动是深化课堂的动力

内容活动化，活动内容化。一次学生参与度高、趣味性强的活动是课堂教学的有力补充，对深化课堂教学有事半功倍的作用。开展市场调查有利于激发学生的学习兴趣；成立时政兴趣小组，又为关心时政的学生搭建起了乐园；小组合作学习又为同学之间的交流搭建了交流的平台。

（四）弹性学分是学生自主发展的重要体现

德育课是必修课，我校规定的基础学分为3分，优秀学分为5分，学生为了得到一定的学分，可以自己选择选修科目，自行选择考试类型，自行处理不足学分，根据自己现有的学分制订下一步的学习计划，这些都是学生自我管理、自主发展的重要表现。

三、自主发展模式培育的成效可视化

中职生自主发展素养培育的成效如何，不能仅停留在口头上，还要有一定的数据材料进行检测（表1）。

表1 中职生自主发展素养检测表

检测项目	检测形式	可视结果	检测内容
学期成绩	笔试（开卷或闭卷）	分数	学生学习能力培养的情况
德育科学分	学分计算	学分	学生管理自己学分的能力
职业生涯规划	撰写职业生涯规划书	职业生涯规划书	能否制定切实可行的职业生涯规划书
德育量化考核	结合班主任量化考核细则	考核分	学生良好的学习生活习惯养成如何
心理状况测试	学校统一组织学生每学年机试一次	分数	学生心理状况是否健全

学生自主发展的培育是学生核心素养培育的重要内容，与其他方面是相辅相成的，中职德育课是学生自主发展能力培养的重要阵地，也是德育课的重要任务。教师观念的转变是前提，内容的落实关键看课堂教学的效果，课前课后的活动开展是教学质量提升的不竭动力。

学校管理篇

中职学生核心素养培养
从内化体验到外化成长的实践探索

一、中职学生核心素养培育的背景分析

1. 教育部中国学生发展核心素养总体框架

2016年9月14日,《中国学生发展核心素养》总体框架正式发布,中国学生发展核心素养以培养"全面发展的人"为核心,分为文化基础、自主发展、社会参与3个方面,综合表现为人文底蕴、科学精神、学会学习、健康生活、责任担当、实践创新等六大素养,具体细化为国家认同等18个基本要点,学生核心素养培育成为教育界思考、实践的热点。由于框架涵盖所有学制教育、所有学段教育,涉及所有学生的指导性核心素养框架,充分体现了立德树人的根本要求,因此,需要进一步具体化,以便各地各校能落地。

2. 浙江省教育厅中职学生核心素养指导意见

2017年5月,浙江省教育厅下发了《关于加强培育中职学生核心素养的指导意见》(以下简称《意见》),《意见》清晰地描绘了具有浙江特色的中职学生核心素养培育方案,该方案明确了学生核心素养的学制、学段特色,揭示了中职学生核心素养的基本内涵,指出了中职学生核心素养的培育载体,强调了中职学生核心素养培育的保障措施,对中职学校学生核心素养发展极具指导意义。

二、衢州中专学生核心素养内涵三大基本观点

1. 学生核心素养是源于先天、后天培养、社会习得、终身发展的素养

学生核心素养的培养,先天遗传是基础,学校培育是阵地,形成发展有过程,检验习得靠社会。学生核心素养的培育是家庭、学校、社会共同

教育的结果，家风、校风、民风、社会风气均有影响，主要靠学生在人生历练的过程中逐渐形成。就学校而言，不同学段、不同学制的学校在学生核心素养培育的过程中都起着非常重要的作用，但这种作用并非决定性的，学校必须根据学生身心成长规律和各阶段教育的根本任务进行有针对性的培养。

2. 中职学生核心素养是具有职教特色、地域特征、学校特质的素养

从学制和学段的角度来讲，中职学生接受的是中等职业教育，中等职业教育是以就业为导向的教育，这是区别于普通高中以升学为导向教育的鲜明特色，即中等职业学校培养的学生核心素养是具有职教特色的，如技能培养方面的工匠精神；众所周知，一方水土养一方人，学生均生长在某个特定的地域，受到地方文化的浸染，必然具有地域特征，譬如浙江学生长期受到"务实、守信、崇学、向善"的浙江人价值观的熏陶，很多学生精明能干，衢州学生受到"诚信、责任、仁爱、奉献"的衢州人价值观的熏陶，涌现出很多最美学子；不同学校的学生受到不同校园文化的熏陶，也必然具有学校特质，如清华大学校训之"自强不息，厚德载物"，我校校训之"勤而立信，忠以成器"，都对学生核心素养的发展有着深远的影响。

3. 中职学生核心素养应是中职生适应终身发展和社会发展需要的必备品格和关键能力

学生核心素养是学生适应终身发展和社会需要的必备品格和关键能力，但具体到"中职学生核心素养"，必须强调一个关键词——"中职"，这个词必须突出两层意思。一层意思是"中职学校"，由于中职学校只是各级各类教育中的一个层级和类型而已，因此，中职学生核心素养不宜提得过高、过于全面，而应在核心素养框架下，提炼出符合中职教育办学宗旨的关键素养，这些关键素养既非基础素养，也非全部素养。另一层意思是"中职学生"，中职学生身心成长有其特殊的规律，我们要根据中职学生身心发展特点提炼核心素养。

基于以上观点，我校总结提炼了"符合中等职业教育特色、具有衢州地域特征、体现衢州中专特质"的学生四大核心素养，即忠家爱国的价值情怀，修身健体的生活习惯，勤劳精技的从业态度，向上向善的人生追求。

这与衢州中专的校训和校风是血脉相通的，金庸先生根据我校育人特色所提"勤而立信，忠以成器"，强调的就是中职生要勤奋、自信，要忠诚、诚信，要大气、成器。经过多年的探索总结，笔者将学校的校风凝练

为"勤学勤思立常志,向上向善成大器",意在勉励广大师生以勤补拙、学思结合,求真向善、忠诚自信,立下君子之志、铸就大器之才。

为实现这一教育目标,我们开展了"构建指导理论、搭建培育载体、开发课程内容、打造活动平台、构建评价制度、完善保障体系"等六个方面的实践,具体如图1所示。

图1　实践路径

三、衢州中专学生核心素养培育的实践探索

1. 建构指导理论,提出"双全两自"育人

2016年9月,学校提出"以全纳教育为理念、以全面素质为目标,以自我管理为途径、以自主发展为愿景"的"双全两自"育人模式(图2)。一方面,"尊重、包容、赞美、转化"的全纳教育理念促进学生"德、智、体、美"全面素质发展。"一委三会"(团委、学生会、宿管会、社团联合会)的自我管理机制促进学生"全面而有个性"的自主发展。另一方面,全面素质目标指导全纳教育实践,自主发展愿景激活学生自我管理机制。

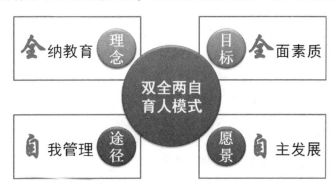

图2　"双全两自"育人模式

2. 建设学生素养发展中心

学校于2017年暑假整合资源,全力打造建筑面积达5 000余平方米的学生素养发展中心,该中心包含两个教育基地、三个功能区、七个分中心。

(1)打造两个教育基地。一是创业创新教育基地。孵化若干个创业创新项目,培养学生创业创新意识。二是生命安全教育基地。通过对交通、消防、禁毒、防艾、急救等方面进行主题安全教育、法律讲堂、模拟法庭等，宣传法制安全、珍爱生命的知识。

（2）设置三个功能区。一是改革发展教育区。通过改革发展成果展和时政社团建设，培养学生国家认同和责任担当。二是特色文化展示区。通过特色文化展示和讲解，增强学生人文底蕴。三是创建榜样示范教育区。通过优秀校友、身边最美事迹展示，引导学生做好职业生涯规划。

（3）建设七个分中心。一是学生自我管理与服务中心。通过自我管理、自我教育、自我监督、自我评价、自我服务，提升学生自主发展能力。二是学生社团活动中心。开展形式多样的社团活动，丰富学生学习和生活，形成兴趣爱好，促进个性发展。三是工匠精神体验中心，培养科学精神与职业意识。四是身心健康促进中心，开展心理健康咨询，促进学生身心健康，快乐成长。五是学生美育养成中心，通过礼仪、艺体、文学活动，培养学生审美情趣。六是运动管理与应急救护中心，提升运动素养，倡导健康生活。七是学生素养展演中心，展示学生素养发展成果。

3. 开发两大核心素养课程

（1）社会主义核心价值观课程。将社会主义核心价值观与学生成长规律结合，开发核心价值观读本；结合职业教育特点和学校实际，将社会主义核心价值观、《中学生守则》《中等职业学校学生公约》进行校本化阐述，引导学生积极践行，每年编撰社会主义核心价值观践行集。

（2）"五模块"的素质拓展课程。在中职选择性课程改革中，开发出体现创业和创新的"两创"课程，体现特长和特色的"两特"课程，体现兴趣和趣味的"两趣"课程，体现本土特色的"两子"（即孔子和围棋）课程，体现素养素质的"两素"课程。

4. 打造职教特色品牌活动平台

成立阳光传媒模拟公司，以帮助学生提振精神、树立自信、增强才干、提升素养为目的，以策划、组织、宣传学生活动为职责，开展阳光男孩女孩评选、"金十一"技能节、"红五月"校园文化艺术节、儒学经典进校园、高雅艺术进校园、学长学霸大讲堂、校园模拟招聘会等十大特色活动。

5. 构建核心素养评价制度

学生核心素养培养得怎么样，需要制定完善的评价制度来衡量。为此，学校建立以工具使用为导向、作品创作为核心、人的终身发展为愿景的评价制度，为每个学生编制《衢州中专学生素养成长手册》，落实核心素养培养，促进学生核心素养提升。

6. 探索学生素养培育保障机制

（1）"理念""模式"衔接。将衢州中专学生四大核心素养的内涵与学校全纳教育实践、学生自我管理实践有机结合起来。内化核心素养理念指导"双全两自"育人实践，发掘每一项育人活动的作用与意义，渗透进主题班会课堂；外化"双全两自"育人模式完善核心素养内涵，赋予每一项育人实践的校本化内涵，浓缩成《衢州中专学生手册》《衢州中专干部工作手册》。

（2）"三性""三化"实施。系统性设计学生成长途径，构建"学校搭台—老师引导—学生唱戏"的活动机制；整体性规划学生活动，以"两节两会"（技能节、校园文化艺术节、田径运动会、趣味运动会）为主打，开展主题教育活动；将社会实践定位为公益性服务，由师生志愿者推动"城市管理志愿服务队""信安湖守望者"等社会实践；"三化"，即各类学生活动实行品牌化经营、社会化运作、信息化传播。

（3）"红·蓝"品牌彰显。通过学生素养培育实践，打造两大显性德育品牌。学校德育"红"品牌，即学生志愿服务队。学生志愿者身着红色标志，通过服务地方经济、社会发展、文化事业等培育爱国情感、责任担当，通过日常活动、问题解决、适应挑战等培育学生实践能力、创新意识，扩大学生社会参与；学校德育"蓝"品牌，即"一委三会"学生干部团队。学生干部身着蓝色标志，通过自我学习、自我教育、自我管理、自我监督、自我服务等培育学生学习能力、健康意识，促进学生自主发展。

四、创新和特色

1. 创新核心素养培养路径

（1）核心素养发展的系统化。我校学生发展核心素养遵循"系统性设计、整体性规划、品牌化经营"的原则，提出"双全两自"育人理念、打造"四地"载体、组织品牌活动，全方位立体式服务学生的核心素养发展。

（2）核心素养发展的实践化。"纸上得来终觉浅，绝知此事要躬行"，在学生素养发展中心的体验、操作，头顶"红""蓝"帽子时的服务、奉献，在"两节两会"中的准备、展示，在"十大活动"中的表演、鉴赏，都是学生在实践中感悟、在实践中升华。

（3）核心素养发展的课程化。结合学校的学分制管理和课程改革，加入创业创新工作室、选择体验选修课、参加青年志愿活动、参与社会实践服务队、组织各类社团活动等都已纳入校本课程，并根据学生的不同表现，赋予不同的学分。

（4）核心素养内涵的本土化。加强自信教育和工匠精神培育，体现中等职业教育生源特点和办学目标，彰显职教特色；纳入浙江人"务实、守信"价值观和衢州南孔文化，体现地域特征；倡导"中专人精神"，弘扬"勤"文化，传承学校特质。

（5）核心素养载体的阵地化。知识可在教室传授，技能可在实训室获得，素养培养需要情境的营造，学校重视非正式教学场景的作用，投资400余万元，在校内建构了一个集学习、体验、感悟、养成、展示于一体的学生素养发展中心，为学生发展核心素养构筑了一个综合、坚实、立体的阵地，以整合正式和非正式的学习环境，形成混合式的情境空间，学习空间的创新意味着为教学方式的变革提供了物质基础。

2. 实现核心素养发展的可视化

（1）素养培育理念可视。社会主义核心价值观，校训、校风等已渗透到校园的景观、外墙、走廊、教室等各个角落，通过文字、图片、标语、旗帜、展板等进行多形式呈现；校训"勤而立信，忠以成器"和校风"向上向善成大器"，融入"四方一圆"的简化"器"字中，凝练出"学生素养发展中心"，完美呈现了学校培养目标和核心素养培育理念。

（2）素养培育过程可视。依托教师专业发展中心，成立学生素养发展指导委员会，指导"一委三会"开展自我管理，引导学生自主参与学生素养发展中心的各类展示、培训、观摩、体验、交流和身心调适活动，展示作品技艺，内化价值理念，增长知识才干。相关课程与活动的内容可视、过程可视，并通过"一网一站、两微一台、两刊一报"等进行全媒体传播。

（3）素养培育成果可视。学校先后获得浙江省美丽校园、浙江省共青团工作示范学校、浙江省首批优秀校园电视台、浙江省五四红旗团委、浙江省优秀学生会、全国大中专学生志愿者暑期"三下乡"社会实践活动优秀团队、衢州市优秀志愿服务队、全国最美中职生标兵、全国向上向善好青年、衢州市星级志愿者等诸多可视的集体与个人荣誉。

3. 丰富核心素养内涵

（1）彰显职教特色。中等职业教育生源特点和办学目标明显区别于其他层次和类别的教育，所以自信教育和工匠精神教育成为中等职业学校发展核心素养基点。

（2）体现地域特征。我校坐落于浙江衢州，浙江人精神中蕴含的"务实、守信"价值观和衢州南孔文化熏陶下的"仁爱、奉献"成为衢州学生发展核心素养的抓点。

（3）传承学校特质。我校的校训是"勤而立信，忠以成器"，"器"文化之"善用器、创造器、成大器"成为我校学生发展核心素养实践的落脚点。

职业教育改革背景下的"器质"教育实践思考

党的十九大要求我们要树立文化自信,报告中也对文化建设提出了更高的要求。校园文化是学校办学的根本和灵魂。一所没有系统文化引领的学校是缺乏内涵和支柱的。当前,我国职业教育正处在转型发展的重要时期,2019年2月13日,国务院发布《国家职业教育改革实施方案》,方案在新时期职业教育的改革中提出了更高的要求,特别是要求职业教育从强调规模向质量提升转变,如何更好地提升中等职业教育的育人质量是当下校园文化提炼内涵的基本出发点。

近年来衢州中专十分注重学生核心素养的培育,创新了"双全两自"的育人模式,创设了具有前瞻性和综合性的体验式学生素养发展中心,并在此基础上提炼出"器质"教育理念,把学校的育人目标升华到培养"善用器、创造器、成大器"的器质学子。如何在新时期职业教育改革背景下对衢州中专的"器质"教育实践进一步探索思考是当下的重要任务,下面笔者谈谈粗浅的看法。

一、"器质"教育的内涵解读

衢州是南孔圣地,孔子的儒家文化滋养着这片土地,衢州中专作为衢州中等职业教育的龙头学校,一直以来就深受儒家文化的影响,孔子曾有过"君子不器"的重要教育理念,"器"在中国汉字中有三种不同的解释:一是指器皿、器具;二是指本领、技能、才能;三是指度量,孔子的"君子不器"指的是君子需要是多方面全面发展的人才,也需要具有宽阔的胸襟和气度,最后还必须是有所专长,并利用这个专长实现自己的人生价值。

衢州中专的"器质"教育的文化,没有仅仅限于器的狭义理解,把"器"的汉字内涵都有机地结合进去了,非常符合孔子的"君子不器"的教育理念，善用器就是指要掌握技能和本领，有所专长，为自己的人生奠定基础；创造器又升华到了创新创造，在掌握技能的同时要具备综合的能力，从全面发展的角度去培养学生的核心能力，把能够创造属于自己的天地作为学生成才的目标；成大器就是要有宽阔的胸襟和气度，把成为大师、大家当作终极追求，学校要把如何帮助学生更好地实现人生价值作为办学的方向。

二、"器质"教育的现实意义

当今的职业教育正处在变革时期，近年来关于中等职业教育的未来曾出现过不同的声音，也给从事中等职业教育的教师带来了一些忧虑。确实从全国范围来看，一些地区的中等职业教育发展举步不前，困难重重，培养质量差、招生困难等问题无不遭受社会质疑。

同时对于一些优质中职学校来说，招生不成问题，生源越来越好，但因为社会对这类中职学校最大的期许就是能考大学，中职学校只是向大学输送学生的又一个通道而已，这类学校的存在，使得中职学校的社会认可度高了，这是事实，但我们也会听到质疑声越来越多的应试教育：越来越紧缺的文化课教师、学生心理问题越来越突出、技能训练越来越脱离市场需求、专业设置越来越跟不上产业升级。

危机本身就是危险和机会并存，如何把危险转变成机会，这就需要学校转变办学思路，学校提出"器质"教育理念就是很好的思路，把升学和就业有机结合，把应试教育和素养培养有机结合，把成绩评价和综合评价有机结合，把办学价值取向和服务学生终生发展相结合，要顺应国家职业教育改革的发展方向，坚决保持职业教育的属性，真正把"器质"教育理念贯穿到办学的各个环节是非常具有现实意义的。

三、"器质"教育的实施路径

如何把"器质"教育理念落实到学校日常的办学中去值得我们思考，这次学校布置的寒假作业就是凝聚共识的有效举措，许多教师从自己的本职工作出发都提出了很好的实施途径，笔者也谈谈一些不成熟的看法：

第一，从学校管理层面首先要更新办学理念，需要有坚定的教育情怀去看待职业教育，要摆脱功利思想，多树符合学生发展的品牌，不符合"器质"教育的数据不要去强求。

第二，创设更多的培养途径，全面拓展培养载体，把学生的德育工作做实做透，尽量摆脱应试教育的怪圈，把教师从应试教育的压力中解放出来，让学部和教师更多地思考如何提高学生的能力、技能、素养和全面发展。

第三，保持一定的就业班规模，鼓励教师深入企业、行业去学习、实习，从单招单考的题库中走出来，做强学校的产教融合，校企合作和现代学徒制，让更多符合条件的专业走进市场行业，多想想服务地方经济。

第四，要更加高度重视学生的心理健康问题和意识形态问题，把培养社会主义合格接班人作为培养目标。

第五，要重视教师队伍建设，加强教师的政治思想的引领作用，充分发挥党员在学校的先锋模范作用，树立正气，强杀歪风。

第六，要继续重视学生核心素养的培育，健全学生综合评价体系和教师的绩效评价标准，自己给自己创设指挥棒。

总之，衢州中专的"器质"教育理念是全新的教育理念，需要我们结合国家的大政方针和学校实际不断地探索实践，在实践中完善，在教育教学管理中逐步践行才是根本。希望通过这次全校活动形成共识，凝聚人心，共同把"器质"教育理念做实做精，创设学校更新更亮的品牌，为学生和学校的发展提供更加强劲的动力。

在学部建设中有机融入"器"教育

我校在多年办学积淀中,开展了一系列关于"器"文化建设的探索与实践。以"善用器、创造器、成大器"为核心,学校成立了全国首个学生素养中心,提炼出中职学生核心素养的内涵,形成"双全两自"育人模式,通过大胆地探索与实践,"器"教育逐渐成为我校教育的一大特色,在学部建设中也应该把器文化教育有机地融入各个教育环节中。

一、勤劳精技善用器

善用器是指学生对专业工具的使用、专业机器的操作、信息化工具的使用等达到熟练的程度。中等职业学校要培养具有综合职业能力,在生产、服务一线工作的高素质劳动者和技能型人才。中职教育与普通高中培养目标的最大区别,就是中职生的技能培养,中职教育是以培养大量社会需要的、具有一定专业技能的熟练劳动者和各种实用人才为主,其教育教学目标必然是要求培养大量具有实际动手能力、操作能力的一线专门技能型人才。教育内容体现为"三个一":一项所学专业特长、一项专业外的兴趣爱好、一件毕业时的可视作品。专业特长是指所学专业中最擅长的一项有利于培养学生以后的岗位特长,兴趣爱好是专业以外的爱好,融合学部的三大专业,学生可以选择应急救护的基本技能、旅游专业的一项技能(餐巾折花、铺床、摆台、日常礼仪等)、计算机的一项技能(PPT、FLASH、PS软件的使用等)或者一项艺术技能,根据学校统一安排开设"三生课堂"(生命、生存、生活)和"三名课堂"(名诗、名曲、名画)。

二、快乐课堂创造器

创造器是指学生对材料、工艺、技术、设备的革新,产品的制作,流程的优化,小发明小创造,等等。立足中职生的学情特点,学校提出的

"创造器"包含两层含义：一方面，指学生通过三年的在校学习，能够拿出自己的作品；另一方面，指学生在学校的职业教育和文化熏陶下，形成自己的学习、生活、工作的经验和方法，助力学生个性发展、创新发展，真正做到人人出彩、各领风骚。"创造器"需要创新的课堂和创新的教育手段。

1. 课改再深化，打造生动有趣的快乐课堂

中职核心素养的培养是选择性课改的深化，我校在原有课改的基础上进一步提出了"双全两自"的育人模式，为落实全纳教育和全面素质的精神，学部提出，教师应把"学生发展为本"作为基本的课程理念，以此来设计教学、组织教学。教师作为组织者，必须为学生的学习活动提供足够的时间与空间。教学中，阅读、独立思考、倾听、动手实践、交流、小组合作、全班讨论等，都是新课程中经常采用的课堂教学组织形式。选修课的开设要既符合学生的需求，也可整合三大专业的互通，使学生一专多能。

2. 社团再整合，尝试"互为师徒"的社团活动

学生会和团总支是学生自我管理的重要社团，学生各专业之间的交流可以采用"互为师徒"的模式，即三大专业之间学生互为师徒互相学习，让每一个学生都能学习本专业以外的一项技能，护理专业的心肺复苏就是一项非常重要的技能，初步技能易学实用，计算机专业中的几个常用软件的使用也是一项必备技能，为学生在以后的学习和生活中提供便利，学生会和团总支部门之间分工负责，可以把各项技能掌握较好的学生组织起来作为小老师到各级进行传授，使学生享受教与学的乐趣。

3. 评价再完善，采用"多元学分"的评价体系

我校的学分制评价体系逐步完善，学部根据具体情况，进一步制定符合实际的实施细则。学分应体现多元化，分为德育学分、学业学分、实习学分三大块，学业学习又可分为文化课学分和专业课学分。就信息康养学部来说，实习的学生占的比例较少，绝大多数学生是五年制和三年预科班的，实习的学分不存在，这样的学分比例要重新分配，可以把实习部分的学分变为学生的专业外技能检测和毕业作品展示。评价内容涵盖忠家爱国、修身健体、勤学精技和向上向善四个方向，从评价学生的标准来促进学生加强核心素养的落实。

三、向上向善成大器

成大器是指学生成为具有一技之长、具备持续发展能力、对经济和社

会发展有用的人才。从物质层面上升到精神层面，"成大器"就是要通过核心素养的培育，培养中职生成长为适应社会主义现代化建设要求的人才，拥有成大"器"的人生追求和远大理想，拥有忠家爱国的价值情怀。向上就是教育学生要树立远大理想，要有进取上进之心，不断努力，勇于创新，大胆实践，超越自我。向善即朝着"善"的境界，不断追求，直到永远。就是勉励学生积善心，行善事，继承和发扬中华民族的传统美德，加强道德和人文修养，追求人格、学识、行为和谐统一的完美境界，使我们的道德达到至臻至善的完美境界，做一个有益于他人、有益于社会的人。教育的主要内容有爱岗敬业、诚实守信，开展以"家训、家规、家风"为主题的班团活动，开展地方特色的儒学教育和基于传统节日的传统文化教育。

学部的三大专业信息、旅游和护理已经站在时代的风口，抓住时机促成飞跃，是学校赋予我们的使命，逆水行舟，不进则退，我们一定要以学校的器文化教育和核心素养的培育为契机，使学部三大专业建设再上一个台阶。

"器质"教育理念引领下的学校创业创新教育实践

创新承载梦想，创业成就未来。近年来，衢州中等专业学校积极探索培育学生的核心素养，对接学生核心素养培育指向性地提炼了"善用器、创造器、成大器"的学校"器"文化，经过探索和实践，取得了一系列的成果。"器质"教育的核心是培育具有创新精神的、"成大器"的器质学子，这样的学子肯定不是一种"模具"下的统一规格的产品，也不是一群"放养"下自然生长的"山村土鸡"。学校的创业创新教育，在"器"文化的引领下，通过构建新式的教育载体，借助新型的培育机制，采用显式的评价方法等措施，用"与众不同"的"情怀、温度、手段"培育器质学子，取得了一定的成效。

一、载体的创设和实践

创新精神的培育需要载体，它需要在特定的环境、文化氛围中去感悟、去培育，需要通过特定的实践、特定的"作品"去生成、激发。在学校"学生素养发展中心"构建了以"大器创业"为品牌的创业创新工场，挂牌成立了浙江省中职创业创新教育名师工作室、创业创新项目管理办公室。创业创新工场包括160个以上的各类创业创新工位，其中一楼约800平方米的7个创业项目工作室、二楼约600平方米的5个创新项目工作室（包括技能训练工作室）。添置采购了大批创新样品制作工具和各类加工原材料、配备创业创新作品展示区、加工区、展示柜。为学生搭建的这种"与众不同"的教育场景，让学生在这种空间中"善用器、创造器、成大器"。这种混合式的情境学习空间和教育载体，既符合教育教学规律，也利于学生成长（图1）。

| 创业创新名师工作室 | 项目管理办公室 | "大器创业"创新工场 |

图 1　创业创新教育载体

二、机制的创建和实践

只有机制科学，才能形成持久的发展。学校采用三级团队教育机制：引领团队、教师团队和学生团队。首先，引领团队由郑军创业创新名师工作室和网络名师工作室组成。根据浙江省教育厅《浙江省"中等职业教育质量提升行动计划"实施方案》，郑军创业创新名师工作室经浙江省教育厅评审后，于 2018 年 1 月正式挂牌成立，在省市级的创业创新教育方面，对外起示范和引领作用，对内起指导学校创业创新教育的作用，良好的知名度和美誉度引发职业教育同行的广泛关注。

其次，教师团队由四支队伍构成，分别是骨干教师梦之队（由校内外名师、创新达人组成，由衢州市教育局发文确定）、青年教师教学团队（由校内外的青年授课教师组成）、发明创新小分队（以机械机电学部教师为主体，现有成员 13 名，非官方组织）、创业创新教研组（由学校成立的组织机构、各教研组老师兼职组成）。近几年来，教师团队下企业调研 80 多次，共完成技术创新 60 多项，有 2 名团队成员获得衢州市"百优工匠"称号。

最后，学生团队采用"成长导师制"教育方式、按照"自愿+承诺"的要求，组建了三级递进式学生小组。包括学生——追梦小组：第一梯队核心成员，由跨专业、跨学科的学生组成，每天晚自修时间和其他课外时间在创新工场内开展创新创业活动。学生——启梦小组：第二梯队学生成员，随时替补第一梯队成员，每周二晚自修时间在创新工场内开展创新创业活动。学生——兴趣小组：由全校具有创业创新意识的学生组成，由学生会等团体负责选拔，每周安排创业创新选修课，不定时地开展创新创业活动。学生参与浙江省职业学校学生技能大赛和浙江省职业学校学生职业素养比赛，连续三年在浙江省中职学校创业创新大赛中获得一等奖的好成绩（图 2）。

| 引领团队：指引方向 | 教师团队：执行主体 | 学生团队：培育目标 |

图 2　创业创新教育机制

三、评价的创新与实践

"器"文化以"器"为依据的评价依据和方法，需要构建以工具使用、作品创作为导向的评价体系。针对学校创新创业教育，我们提出发明专利就是知识应用的"试金石"，就是"大器"，利用第三方认证、具有创新元素的、评价科学的"国家专利"评价体系，走出了一条以申请发明专利为引信、点上做出样板、面上遍地开花的、成功的、有效的创新创业教育新途径。通过以发明专利为引信制定实施各类激励机制、结合专业在课堂中融合创新思维教育、开展创新活动让思维和作品显性化等手段，以及通过传授知识、模拟情境，将创新融入课堂后，出现了教师和学生合作共同申报创新发明专利的众多典型案例。截至2018年12月，学校师生已获得60多项国家专利（包括发明专利），取得了令人满意的成绩。

21世纪是知识经济飞速发展的时代，是以高智慧、高科技为重要标志的时代，是知识经济引导世界潮流的时代，科技创新是一个民族进步的灵魂，是国家兴旺发达的不竭动力。学校通过创新创业教育将学科教育和专业建设进行融合，以"器"为指引，从地域特征、学校特质和学生实际等要素出发，搭建有利于学生成长需求的、符合教学规律的培育环境和学习空间；融合"第一课堂"和"第二课堂"的育人功能，将创新创业等核心素养内容具体落实于教育教学的各个环节中；以创业创新教育为纽带的素养培育，为中职学生核心素养培育工作提供了一个范式和样本。

专业建设篇

"器质"教育理念下电商专业人才培养的方向

办品质学校，育"器质"学子，建设新时代"器质"名校是我校的办学理念，意为我们的办学不仅是要将学生招得进，留得住，更要让学生学得好，成为"勤学勤思立长志，向上向善成大器"的"大器"之才。

一、提升电子商务专业教师的专业素养、打造优质师资队伍

（一）电子商务专业课教师要认识到在专业课教学中培养学生"器质"精神的必要性和重要性

电子商务专业课教师要引导学生善用器，引导学生学习电子商务专业理论知识，从广告文案类、客服类、网店美工类、数据处理类、商品拍摄类、网店管理经营类等方面分类进行各项专业实操训练。由于电子商务的发展较快，因此，更要引导学生及时关注了解电子商务的最新发展动态及未来的发展趋势。专业教师应摒弃传统的单纯进行知识讲授和操作培训的专业教学思维，要改变学生的学习方法和认知，培养学生精益求精的专业精神和敬业精神，形成成大器的人生目标。专业教师是学生的职业生涯的引领者，不仅要教外在的知识技能，更要培养内在的敬业精神及合作的态度，使学生职业生涯可持续发展，终成大器之才。

（二）言传身教，持之以恒

为培养终成大器的学生，专业教师需要充分展示自身的电子商务专业职业素养，精心设计教学内容和环节，模拟工作环境和过程，潜移默化地教导学生，同时专业教师之间须开展团结合作，在每节专业课上都有意识地进行职业素养的渗透培养。经过连续的各门电子商务专业课程的学习培养，学生对电子商务工作岗位的要求、流程从知道了解，到体验熟悉，再到烂熟于心，才能在以后工作的岗位中创造"器"，成为善于思考和总结的

优秀人才。

二、以"器质"文化为内涵的电商专业人才培养的方法

（一）教学内容紧贴电子商务企业类目，紧贴行业发展

电子商务企业的发展往往与实体企业的经营方向相契合。电子商务专业的学生毕业后也多服务于企业。通过与企业交流合作，结合电子商务类目整合专业课教学内容，用电子商务类目素材充当教学项目的素材。如果条件允许，可以紧贴电子商务企业工作的具体内容，使用企业的工作素材，开发校本教材。这样，学生毕业后进入电子商务企业，对工作类目熟悉，面对工作有信心、有兴趣，才会有成就感，才会爱岗、敬业。

（二）结合电子商务工作岗位特点，开展企业进校园的实践活动，开发工作过程系统化课程

培养"器质"学生，重在学、做结合，在工作环境中学习，体验工作过程。把职业素养的培养和专业知识技能培养有机结合，打造真正的"器质"学生。

教学过程中教师不再只按照传统的学科体系来传授教学内容，而是按照职业工作过程来确定学习领域，设置学习情境，组织教学。学生是学习的行动主体，以真实职业情境中的行动能力为目标，以基于职业情境的学习情境中的行动过程为途径。师生及学生之间及时有效互动、合作，解决学生实践中的问题，使课堂更加有效率。

例如，在"双11""双12"期间，每年学校都引入企业，让学生实践客服岗位的工作，根据工作中实际岗位的设置和流程，学生每人都分配到一定的任务，并且根据实践的成绩打分。在教学过程中，学生自主接单直接面对客户，涉及沟通协助和传达，也使学生勇于担当；按计划实施时，培养学生的工作条理性和守时纪律性；同时也体会到什么样的商品详情页对顾客最具吸引力。实践学习既锻炼了学生的耐心，又培养了学生的敬业精神。

（三）请专家进学校，让学生走进企业

中职学生正处于青春叛逆期，喜欢并容易被相近年龄的同伴同化影响，喜爱对成功人士追逐、向往和模仿。专业课堂授课除校内老师外，还要结合实际情况，适当地引入在职的电子商务职业达人，进行短期或单个教学项目的合作教学。达人与学生进行从事电子商务工作的感悟交流，通过对教学项目的实际制作演示，直接展示电子商务从业人员身上的职业素养，

树立学习榜样。同时，学生进入企业把专业课课堂从学校直接搬到电子商务企业。学校与电子商务企业建立合作机制，结合企业的实际需求，安排学生到企业进行一定期限的对口实训。学生了解电子商务企业需要怎么样的员工，自己需要进行什么样的努力。

"器质"精神重在"养成"，作为中职电子商务专业课老师，要让学生在接受职业知识和技能教育的同时"养成"良好的职业素养，在职业生涯里走得更好、更远，终成大器。

"器质"教育之学前教育专业的思考

器,即为工具。

众所周知,工具对于人类发展具有重要意义。正是工具的发明和使用,才使得人类社会生产力得到大幅度的提高,才有了人类社会的不断进步。当今社会,科学的发展,在不断更新我们的工具,从而提高我们的社会生产力,改变我们的生活方式,促进人类社会的进步。因此,工具的使用、发明,对人类的发展来说具有重要意义。

教育的目的,是培养人才,而人才的作用是服务社会,为社会的发展贡献力量。而社会的发展,离不开工具的使用和发明,因此,人才与工具,有着密不可分的关系。

这里的工具,不仅仅指的是生产工具,或者物质意义上的工具,它同样包含技能、方法等抽象意义上的工具。因此,对于为国家直接输送职业人才的职业学校来说,培养学生的技能、提高学生的职业素养,是培养方向上的重点工作。

我校的"器质"教育,就是以"器"为核心,提出"善用器、创造器、成大器"的"器"文化,让校园文化与核心素养培育工作共鸣。

我校的学前教育专业,相比较其他专业来说,"器"的体现可能更为隐晦和抽象,但仍然在平时的教学工作中有所体现,这里的"器"更多的是学生的技能、方法的掌握。

"善用器"——扎实掌握专业技能和方法

学前专业的技能,是学前教师专业发展的基础,所有幼儿园活动的展开都必须依赖专业技能。这里的专业技能,不仅包括"说话弹唱跳"的实践技能,还包括教育学、心理学、活动设计方面的知识技能,以及终身学习、学会学习的普遍性技能。

开展幼儿园活动，首先要了解幼儿的年龄发展特点、心理发展特点及活动课程的特点，然后根据这些内容，合理地设计活动过程，在活动过程中，充分利用有效的教学方法和手段，运用自身具备的专业素养，使活动能充分调动孩子的积极性和兴趣，达到活动效果。这些都有赖于专业上的技能发展，同时也是有别于其他职业甚至是其他阶段教师的特殊技能，是学前教师职业赖以生存发展的基础。

而作为教师，必须具备自学能力，除了不断扩充知识之外，还要不断提高方法和技能，这样才能适应不断进步的社会和不断更新的文化。

"创造器"——创造性地运用专业技能

教育是为数不多的，劳动对象是人的职业。这个职业的特点，决定了教育这种劳动的特殊性。因为人是千面的，每个人都有他们各自的发展特点，这就决定了教育过程必须考虑教育对象的特殊性，创造性地运用自己已经具备的专业素养和掌握的教育方法，才能有更好的教育教学效果。

因此，这就决定了，学前教师必须在创造性运用专业能力方面有所发展，否则只会照搬照抄，使教育过程大打折扣，甚至会起到相反的作用。学前教育是一个人接受学校教育的最初阶段，幼儿因为发展的局限性，在自我表达和自我发展上基本依赖家长和教师，如果教师的教育教学方法不当，会对幼儿的自我发展产生极大的不利影响。因此，教师必须创造性地运用教学方法，去面对每一个孩子，也就是孔子所谓的"因材施教"。

"成大器"——成为优秀的幼儿教师

培养学生"善用器""创造器"，使其具备成为一名合格教师的素养，"成大器"即以成为一名优秀教师为最终目标。"大器"体现在职业能力上的优秀，体现在职业精神上的真诚，体现在职业发展上的明确方向。教师，是国之栋梁的启蒙者、支持者、引导者，必须具备不同于其他职业上的更高的职业要求，才能实现教师应该起到的积极作用。每个学生，都应该树立"成大器"的职业目标，以优秀幼儿教师为学习目标，才能在职业道路上，从容地接受各种考验、各种困难、各种磨砺，才能更好地面对每一个学生，才能树立正确的职业价值观。

"器质"教育的根本——职业道德素养

器为工具，工具就要为人所用，"器质"教育的根本，就是落实到人的发展。器的使用，根本在于人，因此，在提倡"器质"教育的过程中，也必须关注学生的其他素养，核心为职业道德素养的发展。只有具备良好的职业道德素养，才能发挥"器"的更好更强的效果。从这个意义上来说，职业道德的发展须注入"器质"教育的过程中。这也是我们在进行职业教育的过程中必须考虑的问题。以人为劳动对象的教师职业，尤其是学生基本没有自我保护能力的学前教师职业尤其如此。

　　器为工具，器为技能，而技能怎么培养，职业能力怎么发展，是职业教师须认真思考的重要命题，也是我们职业教育的根本。我辈须继续努力。

基于中职电子商务专业学生"器质"教育发展的初探

古语云："玉不琢，不成器。""器"在《说文解字》中引申为才华，如"庙堂之器"，意思就是有治理国事的才能。而我校提出的"善用器、创造器、成大器"更体现了我们中等职业教育的培养目标——实现学生核心素养的发展。职业教育的发展是一种以就业为导向的教育，以行业为导向，衍生专业发展，仅靠课堂理论教学来培养学生多方面的能力和素质是不现实的，如何以提升学生的职业"器质"为中心来开展相应的实践教学活动是非常重要的课题。那么，基于中职电子商务专业的学生该如何进行"器质"教育培养，这是本文将要探讨的重点。

我校的电子商务专业将人才培养目标定位于"电商客服"及"电商美工"两大岗位群。其中电商美工不仅可以从事店铺图片的美工及淘宝店铺的装修，而且可以从事网站页面的设计、美工等，不管从哪个角度来看，电商美工发展都是电商行业发展必不可少的一部分，其重要性可想而知。基于此，笔者对网店美工技能的教学实践"器质"教育进行了探讨。

一、中职电子商务专业的"器质"教育是什么

"器质"教育指的是对劳动者的未来发展有关键作用的一种综合素质和能力的培养，是对器——工具（包括有形工具和无形工具）的正确使用，培养职业核心素养。而职业核心素养适用于各种职业，对职业主体而言，它是一种终身可持续发展能力。

电子商务专业是一个复合型专业，是一个涉及技术、经济、贸易、管理等的综合学科，而"电商美工"是电子商务专业的一门必修专业课，该课程对电子商务专业学生的职业能力培养与职业素质养成起到重要支撑作用。电商美工是企业与客户通过视觉进行交流的最直接最前沿的窗口，主

要必备的"器"有以下五个：① 美工软件使用技能；② 网店平台操作技能；③ 视觉营销技巧；④ 摄影后期商业修图技术；⑤ 色彩搭配与视觉统筹技能。另外，须加强职业素养的培训，如在职业心态方面，突出对责任感、学习心态、抗压能力、团队合作等的要求。

二、中职电子商务专业学生的"器质"教育培养的必要性

职业教育的目标是培养应用型人才，应通过加强实践教学和实习实训，以提高学生的职业核心素养。电商美工实践教学活动可按照"对实践教学的目标进行明确—制定科学的实践教学内容—职业核心素养考核与评价"的流程来实施。学生通过一个实训任务，至少掌握一种岗位技能，并在实训中分析出知识点小结，再通过实训反思，将学习心得融会贯通于职业情景。经过实训，学生能做，会思考，懂总结归纳，并形成能力迁移，掌握关键技能。

基于对"器质"教育的分析我们不难发现，培育学生的核心素养从育人模式上来说，就是要打破学科界限，形成多学科的聚力，实现从学科本位到学生素养发展本位的根本转型；让学生在真实问题情境中培养和体现独立思考与合作探究的精神，即对学生主体性的培育；实现学生能在实际生活中真正地"创造器"以成大器。

三、实现中职电子商务专业"器质"教育的有效路径

面对核心素养世界多极化、经济全球化、文化多样化、社会信息化深入发展，核心素养战略问题成为教育关注的焦点。中职电子商务专业学生要如何通过"器质"教育提升专业核心素养是本文重点要研究探讨的问题，本文针对实践教学、校企合作、就业指导等三方面内容，通过一些实例，探讨中职电子商务专业学生"器质"教育培养的具体路径。

（一）重视强化实践教学

电商企业对电商人才的实践操作能力极其重视。有问卷调查显示，78.6%的企业认为企业人才最需要"动手能力的培养"。很多企业肯定了职业院校在这方面做出的努力，但他们仍然强调要继续加强实践教学，提高学生的实践动手能力。要提升教学有效性，还必须借助实战项目，把教学过程与生产过程进行融合，在生产过程中完成教学任务，方可真正提升学生的职业"器质"。因此，每年的"双11"和"双12"期间，我校都积极联系行业企业进行合作，让学生到企业中进行顶岗实战，从而让技术跟上

产业行业发展，让课程内容与职业标准要求相匹配，让评价标准与企业绩效考核相符合。要让学生真正地动脑、动手，交给学生任务，实现"On Job Training"（OJT）。这些都是企业对学校培养人才实践能力方面的要求，也是电商专业学生"器质"教育的重点。

（二）深入开展校企合作

现代学徒制的开展，能不断地推进电商专业学生充分展现专业"器质"，电子商务人才就业市场缺口最大的主要是电商运营、技术、推广销售、美工策划、综合型高级人才等方面。我们的学徒制不能仅单一地提供某个岗位的培训，而应采用多轨制，把握电子商务行业的每个环节，突破传统课程体系涉及的流程，综合培养学生电商行业性的能力，同时应兼顾传承传统制造业的工匠精神。紧密联合企业，利用企业资源创建实训基地，实现校企利益共同体，在这个平台上为学生创造良好的实训教学环境，让学生能够迅速完成从学校到单位的角色转换，在实践中发现问题、解决问题，在实训教学中提高学生的应用能力、创新能力和提升职业素养。

（三）不断加强就业指导

以企业需求为导向。电子商务属于技能型的专业，企业需要的是技术水平高的人才，学校要以企业的需求为导向，加强对学生的技能训练。教学开展要加强针对性，关注企业的用人方向和岗位需求，及时进行电子商务专业课程内容与规模的调整。笔者通过调研发现，有些毕业生自己难以找到合适的工作；有些毕业生被"黑中介"所骗；更有一些毕业生好高骛远、眼高手低、心态不好等。因此，在培养人才使用"器"的同时要重视和加强就业指导工作，帮助学生调整就业心态，树立良好的职业道德素养，形成职业意识和职业荣誉感，培养高尚的职业素养。

电子商务专业技能课程的实施，要遵循学生的职业成长规律和行业的生产经营规律，让学生在做中学，在学中做，并在真实的工作环境中逐步形成工作经验，培养职业精神。在整个实践教学过程中必须坚持以职业核心素养为中心来开展，使学生获得终身可持续发展的能力，实现职业院校的人才培养目标，才能真正实现中职电子商务专业学生"器质之深厚，智识之高远"的目标。

计算机专业学生"器"文化的培养

"器"承载着深厚的文化底蕴，也体现着积极的现实意义。"器"是个会意字，本义是狗的叫声。"器"后来本义消失，假借为器具。因为器具都能容纳物品，所以"器"也引申为才华，如"庙堂之器"，意思就是有治理国事的才能。中职计算机专业学生的"器"文化主要可以从"器具"和"器能"两个方面来培养。

一、器具，走向成功的前提

"工欲善其事，必先利其器。"作为一名计算机专业的学生，电脑是我们的器具，一定要学好计算机基础、计算机组装与维护、计算机网络等课程，了解电脑的基本组成、基本使用，能够学会电脑的日常维护。电脑日常使用维护是以最好的性价比保证电脑系统的正常使用，解除大家的后顾之忧，使大家能够更加专注于发展自己的事业。

二、器能，走向成功的关键

"器能"主要是指"器量"和"才能"。

（一）器量

"海纳百川，有容乃大。"做人要有器量，要有度量，不论是谁，无论做什么事，都要有一颗容人之心，都要学会和他人愉快相处。要培养中职学生的器量，在日常的学习生活中应注意以下几点：

学习古今中外名人志士的一些案例，明白器量的重要性；

随时关注自己的言行举止，看看是否存在"小气"的地方，如果有的话，要及时改正；

在平时的教学中，要注意培养学生的团结合作能力。

心胸有多大，事业就有多大；心有多远，未来就有多远。未来的竞争，决定于胸怀，胸怀的度量决定对占有格局的掌控。

（二）才能

现代企业需要的人才越来越职业化，他们需要的不仅仅是成绩优秀的毕业生，而且要求素质高、能力强、有团队合作能力、能解决问题、能自我提升的优秀员工，那么，我们该如何培养学生这些方面的才能呢？

1. 以职业核心素养为目标，重构课程体系

职业核心素养是一个比较广泛的概念，它主要包括知识、能力和态度三个方面，中职计算机专业学生的核心素养主要指职业道德修养、专业实践能力、人际交往能力和自我提升能力。因此，我们将传统的课程体系加以调整，在原有的文化基础、专业理论和专业实践的基础上，增加一个职业核心素养模块或者将原有的德育课进行拓展。学生在这一模块能够树立正确的道德观和人生观，做到爱岗敬业、诚实守信，能够加强自身的道德修养，提升自己的职业素养。当然，在其他课程的课堂学习中也要积极融入一些职业核心素养的教育内容。

2. 以校本教材为基础，优化课程改革

计算机专业的更新非常快，课程内容又非常广，因此，我们要紧跟社会的步伐，结合学生实际，编写一些贴近实际，符合计算机专业教学目标的校本教材，也可以适当增加一些计算机职业核心素养的要求，以此来帮助学生更好更快地胜任工作岗位的要求。

3. 创新教学模式，提高课堂教学效率

在平时的教学中，我们可以根据教学内容，引入"翻转课堂"教学模式，在课前抛出问题，让学生进入学习平台自学；课中，小组合作讨论解决问题；课后，进一步巩固所学的知识，拓展内容。翻转课堂的教学模式能够充分培养学生的小组合作和自主学习的能力。当然我们还可以采用项目化教学，通过"明确任务—分配任务—实施任务—检查评估—归纳总结"来完成教学。课堂教学模式有很多，教师可以根据实际情况选取适合自己的模式，从而提高课堂教学效率。

4. 增设各类工作室，增加学生实践锻炼机会

组织中职计算机专业的学生下企业实践有点困难，在条件允许的情况下，学校可以增设如"程序设计""多媒体制作""三维动画"等各种类型的工作室，让感兴趣的同学积极参与其中。工作室的管理可以模拟企业进行，工作室的负责老师定期对学生的作品进行展示和点评。对于优秀的作品还可以给予一定的奖励，以此来调动学生的积极性，形成良性循环。

总之，中职学校计算机专业学生如果在校期间就能成为一个"懂电脑"（器具）"有胸怀""有才能"（器能）的人，那么，一定能够成为对社会有用的人，我们的教育一定是成功的教育。

建两师工作室，育"器质"美术学子

衢州中专的"器质"教育的核心内容是"善用器、创造器、成大器"，要教会学生正确地使用工具，熟练地掌握技能，学生通过三年的学习，能够拿出属于自己的作品，同时学生在学校的氛围熏陶下，形成既有学校特色又有个性发展的经验和方法，成长为拥有一技之长、具备持续发展能力、适应社会、贡献社会的有用人才。三者中，善用器是前提和基础，创造器是过程和途径，成大器是目标和结果。中职美术设计专业教学践行"器质"教育采用的是工作室教学的模式。该教学模式分两个阶段：第一阶段由学校导师授课，在工作室完成基础理论的学习；第二阶段引进企业技师作为导师，由导师对学生进行讲学和指导，并尝试进行实战演练。学生既有学校里的导师又有企业的导师，即"两师"。"两师工作室"的人才培养模式为美术设计专业的教学带来新的活力，克服常规教学很多的弊端，对以往工作室化教学存在的问题也进行了改进，同时为学校"器质"教育提供了实践经验。

一、问题提出的背景

中职学校美术设计专业是一个恒星专业，历史悠久却不温不火，不论外部环境如何变化，设计专业的报名人数招生规模都不会有太大变化，尽管在专业的称谓上会有一些不同，但其课程设置、培养目标、教学手段等方面无明显变化，所以长期以来美术设计专业的教学也是问题多多。

1. 传统美术课堂弊端多

主要表现如下：一是培养目标以记忆识记为主，缺少整体优化，只是要求对知识的零碎记忆，缺少对体系的了解和对学生能力的培养；二是学习内容以教师决定为主，缺少生本教学，没有从学生的需求和特点出发；三是教学手段以一讲到底为主，缺少助学导学，教师上课更多的是满堂灌，缺少对学生的启发和引导；四是师生关系上以对抗厌学为主，缺少关系融合，学生感受的是"要我学要我做"，学生体验成功的感受少，不能转化为"我要学"和"我要做"。以上现状的存在由来已久，其弊端也显而易见。

2. 普通工作室有缺陷

2011年，我校尝试用工作室化的教学模式进行教学。工作室教学模式是以工作室为载体，将课程、教室与生产实践融为一体，以承接技术项目为主要任务，将生产与教学紧密结合，由教师带领学生在承接和完成生产技术项目的过程中完成综合专业技术的训练。美术组先后成立了6个工作室，经过两年的实践，工作室化的教学模式极大地提高了教学效率，学生的学习积极性有了很大的提升，但仍存在三大问题：一是教师对学生的指导仅仅停留在课堂教学中，导师更多的是凭经验传授，学生毕业后不能直接顶岗，企业仍然要进行一段长时间的培训；二是传授的知识仍以校内课本为主，与行业接触较少，很难做到产教融合；三是学生的作品比较模式化，缺乏创新，书本程式化的痕迹明显，不能适应市场的需要。

3. 示范校建设遇转机

2013—2016年，我校被确立为国家首批改革发展示范校建设学校，美术设计专业被列为五个重点建设的专业之一，经过三年的建设，美术专业的师资、设备、资源等都有较大的提升，为专业的进一步发展奠定了基础。

4. "器质"教育理念引方向

如何提高学生的学习能力？如何让学生尽快融入社会？如何用创新手段培养出创新人才？正当美术设计专业正在寻找突破方向时，我校在学生核心素养建设工程中提出了"器质"教育的理念，为美术专业建设指引了方向，我校美术教研组在原有工作室教学模式的基础上提出了"两师工作室"教学模式。

二、两师工作室建设的内容

根据学校原有的工作室，结合市场的需要与学生的兴趣爱好，教研组设想对工作室进行整合，工作室建设的主要内容有以下几个方面。

（一）工作室成立的主要流程

1. 导师申报

教研组内具有讲师以上职称并具有较强专业能力和实践能力的教师以导师的身份申报，工作室的申报内容包括工作室的专业方向、导师个人介绍、工作室年度工作计划等，申报的工作室必须至少有一家专业公司作为工作室的支撑。

2. 聘请大师

经过筛选和协商工作室，再分别联系合作单位，聘请业内有一定影响力的设计师作为工作室的大师。

3. 学生申报

对"两师工作室"教学模式进行宣传，让师生明确"两师工作室"教学模式实施的意义和途径。由学部统一组织工作室申报工作，学生根据自己的专业特征及就业方向选择申报相应的工作室，学部根据申报情况经过适当调整后确定各工作室人员。

4. 人员确定

学生自由申报中各工作室之间会出现数量不平衡的情况，不利于教学的开展，要经过多次调整才能确定工作室的学生名单。

（二）够用适用的教学内容

本着够用适用的原则确定教学内容和制订教学计划，选用的教材有自编和统编两种。

1. 自编教材三原则

（1）教学大纲为纲。美术设计专业的教学大纲是本专业的总要求，是教学的宗旨和根本，任何教材的编写都要以教学大纲为基础，不能擅自僭越。

（2）职业标准为标。美术专业有自身的职业标准，尽管设计思路可以多种多样，但根本的标准还是一致的。所以在编写过程中，要首先立足美术基础的教学。

（3）岗位需求为特。自编教材的最大特点在于一个"特"字。美术特色教材的主要特点是要突出美术设计岗位上的专业知识和技能，不经常用到的知识和技能一带而过，基本不用的直接删除。同时做到，教材所选任务和例子均能在实际之中甚至在校内就能看得见、摸得着、感觉得到。这样既能让学习者了解行业情况、企业特点、产品性能，又能把设计专业知识有机结合起来。

2. 编写方式两结合

（1）教师和大师相结合。教材编写小组成员可以把企业家或技术骨干也纳入进来，请他们一起参与编写，这样编出来的教材实用、好用、接地气。

（2）教学大纲和岗位技能相结合。因为在教材编写过程中教师更擅长的是书本中的理论，而对中职学生来说实用的技能更容易掌握，所以把岗位的技能要求和技术标准直接写进教材，对以后的任务教学更有利。

3. 课程设置四标准

根据省教育课改的相关要求，课程设置需要满足四个1∶1。

（1）必修模块和选修模块之比做到1∶1。

（2）公共必修课和专业必修课之比做到1∶1。

（3）限定选定课和自由选修课之比做到1∶1。

（4）专业实训和专业基础课之比大于1∶1。

（三）任务驱动的教学方法

1. 六个环节环环相扣

工作室的工作过程主要分为六个环节，以产品包装设计工作室为例。

（1）确定任务。导师在课堂上向学生布置2~3个任务，各学习小组凭自己的兴趣特长选择。

（2）导师指导。工作室导师对学生的任务稍加指导，分析任务的关键点，提供思路让学生参考等。

（3）搜集资料。学生接到实训项目，首先要做的是在资源陈列馆寻找参考产品，通过对他们的分析研究及针对性地资料搜集，资料搜集过程需要组内分工协作。

（4）集体策划。将大家的资料整理所得汇总到一块，集体讨论，出创意，这一过程充分体现了协作的优势，初步形成组内方案。

（5）独立制作。学生在熟练并正确应用常用设计软件后，把设计方案中的创意制作出来并在打印机上输出设计产品。

（6）导师点评。导师点评环节是工作过程中的点睛之笔。工作室导师对每一件作品进行点评，通过点评，再一次提高学生的设计理念（图1）。

图1　任务驱动的六个环节

2. 五个维度交互融合

这样的教学模式体现了五维度的交互融合。

（1）学生与学生之间的交互融合。整个学习过程多数是以小组合作的方式完成的，这需要小组成员之间的交流和碰撞，对思维的拓展十分有利，既有小组的交流也有个人的独立创作，两种形式也体现了交互融合。

（2）教师与大师的交互融合。学校教师相对来说更擅长理论的教学，企业大师的特长是具体任务的指导，两者在不同的教学环节相互交融，取长补短。

（3）学生与导师的交互融合。教学相长在工作室中体现得最为明显，学生的设计思维方式也会给导师带来创作灵感。

（4）培养目标与人才标准的交互融合。教学计划中所列的教学目标会与企业中的用人标准产生偏差，企业人员的引进会减少这种偏差的出现，边培养边纠偏。

（5）学业时期与职业时期的交互融合。学生在校是工作室的学员，毕业后成为企业员工，经过企业的锤炼和奋斗，几年后又是一位企业大师，作为大师的校友被聘为工作室的指导教师反哺学校，指导学生的同时又是一次理论的提升（图2）。

图2　五个维度的交互融合

3. 三个统一时空转换

在这样的教学模式中，还体现三个统一的特点。

一是教室与设计室相统一：学习的第一阶段是教室，到了第二阶段企业大师参与，当领到实实在在的任务时，教室就变成了设计室。

二是学习与工作统一：学生强化职场氛围，强化工作过程体验，强化职业技能训练，强化人文素质和职业素养。

图3　三个统一时空转换

三是岗位与课堂相统一：真正做到教师边做边教，学生边学边做，教、学、做结合，将理论教学、基础技能学习和操作实训融为一体，课堂与岗位合二为一。

充分发挥"工作室化"教学的实践教学功能，实现虚拟实训、生产性实训、顶岗实习有机衔接与融通；坚持人才培养目标考核的开放性原则，以校企联合考核、实践能力和职业综合素质并重考核为主，最终完成专业人才培养目标（图3）。

（四）灵活多样的评价模式

1. 考核形式

理论学习阶段的考核以交虚拟作品为主，由教师打分，企业实战阶段以企业大师评价为主，顾客评价为辅；能被顾客接受的作品肯定是优秀作品。

2. 分数构成

学生分数由两块构成，一是小组得分，占50%，整个小组表现好，全体成员得分高；二是个人作品得分，占50%。两者结合为学生最后得分。既体现了小组合作的集体力量，又体现了个人的学习动力。

三、两师工作室建设的特点

（一）突破了三大界限

1. 突破了教室和工作室的界限

传统课堂中，教师和学生面对一个有限空间很难展开理论教学以外的其他形式教学方式。"工作室化"教学完全突破了教室和工作室的界限，一切教学行为均可根据导师的教学需要灵活安排空间并转换空间，教室可以是设计制作室，设计公司也可以是教室。

2. 突破了理论和实践的界限

"工作室化"教学制根据学生职业能力培养的要求，避免重复的理论教学内容，并且依托工作室的诸多资源与优势，突破了教室和工作室的界限，大力推行"教、学、做"相结合的教学模式，直接在工作现场进行教学，达到事半功倍的教学效果。

3. 突破了专业教师和"行业师傅"的界限

"工作室化"教学的展开，有更多的具有实践经验的社会专家、学者力量注入，解决了以往外聘教师管理和教学效果难以控制的难题。

（二）改变了师生关系

1. 拉近导师与学生的距离

"工作室化"教学将师生关系转换为师徒关系，导师有机会在一个单位时间里零距离接触和了解每个学生，和他们展开沟通与交流，以落实各项教学工作，在工作任务实施的同时，师徒会长时间打磨在一起，这彻底改变了以往师生疏离的现象。

2. 激发师生之间的良性竞争

基于工作室化"两师工作室"的模式，其教学成果的优劣将直接影响到导师的声誉，进而成为下一届学生选择工作室的参考依据，由此激发了各工作室导师之间的良性竞争。他们的工作表现将直接影响到校内其他专业教师，相互的学习和借鉴促使教师提高工作积极性，形成良性循环机制。

(三) 促进了校企融合

导师在申报工作室的时候就已经考虑到工作室专业方向的社会需求，专业教师需要不断下企业调研；学生在选择工作室的时候也已经考虑了市场的需求和未来的就业方向。每个工作室背后均有一家以上的公司或企业作为依托，工作室与企业建立了直接的合作关系，从某种角度来说，企业与工作室是一体的，学生介入工作室就意味着介入企业，由此做到了实践教学与职业岗位零距离教学，加速了校企融合。

四、两师工作室对"器质"教育的意义

1. 善用器：三端口封闭系统提升了学生的竞争力，加快了学生身份转换

学生从社会职业体验到学校到企业再到社会的闭式系统，也是招生即招工的过程，两师工作室的人才培养模式具体表现为项目引领、工学结合的方式，使学生真正掌握了美术企业生产一线所需的技术，学生的专业能力有了很大的提高。通过引入企业文化，也提升了学生的职业素养。由于学生在学校期间已经接受过正规设计公司的培训和项目的训练，对项目的正规制作流程和技术都很熟悉，成为会干活的设计师。因此，毕业后不需要培训马上就可以上岗，深受企业的欢迎。两师工作室的教学成果得到了用人单位的关注，提高了学校声誉，大大增强了学生的竞争力，毕业生的素质深受用人单位好评。从而直接影响到毕业生的就业。

2. 创造器：五维度三统一教学形成了教学、生产和就业一条龙的模式

在校企合作、项目引领的两师工作室教学环境下，学生在工作室接受设计企业的技术培训，完成真实的企业项目。这样不仅使教学和生产实现了无缝对接，还为合作企业提供了充足的人才储备，解决了部分学生的就业，形成了教学、生产和就业的一条龙模式，达到了订单式人才培养的效果。

3. 成大器：四阶段阶梯式人才发展提升了学生成就感

学生在整个两师工作室的培养模式中充当了四个角色：学生—学徒—准员工—员工；由学生到学徒的转变是第一次飞跃，学生在学习中体验到成功，体验到快乐，体验到幸福；从学徒到准员工是第二次飞跃，这是一次实质性的转变，可以直接与企业大师甚至是老总学习和交流是一件幸福的事；第三次飞跃是学生毕业变成企业员工，自然过渡，无缝对接，领到的薪水也比同时进企业的员工高，成就感、幸福感满满（图4）。

图 4 四阶段阶梯式人才培养模式

五、问题与反思

1. 如何看待工作室的效率和成本？

工作室教学要求一个班分成 2~3 个工作室进行教学，中职学校的美术设计专业教师普遍课务较重，专业学习培训压力也很大，要长期投入精力和时间在工作室中管理和指导学生往往靠的是奉献精神。

2. 如何处理工作室和普通教学出现的冲突？

中职学校的课程设置和高等艺术院校的设置还存在一定的差距，特别是文化及专业理论课的安排会由学校统一安排，教学组织需打乱传统的学校教学秩序，如班级授课制度，按课表进行教学管理制度，教学评价方式等。

3. 如何提高企业对工作室投入的热情？

大师的聘请需要企业的支持，因为企业在这种人才培养模式中没有直接利益和短期效益，所以工作积极性不高。目前我校聘请的大师基本上来自原来就有合作基础的企业，更多的是感情投资，这种模式的持续需要企业家长远的眼光和高度的社会责任感。

中职数控专业"器质"教育的研究与探索

随着国家的综合实力不断增强,"中国制造"已越来越被全世界认可。如何实现中国制造2025的宏伟目标,关键在于技能型人才的培养,而技能型人才的培养主阵地在职业教育。近年来,职业教育的核心在于培养什么样的技能型人才?衢州中专结合"勤而立信,忠以成器"的校训,提出"器质"教育,旨在提高职业教育人才培养的质量。

一、数控专业"器质"教育的本质剖析

"器",在《说文解字》中的意思是器具、工具。因为器具都能容纳物品,所以"器"也引申为才华,如"庙堂之器",意思就是有治理国事的才能。"器"可以是有形之器,能盛万物,美的形制与好的内容相得益彰;能助人成事,有利器方成匠心之作。"器"也可以是无形之"器",是一种器量,兼容并包,彰显才识气度;是一种责任、使命,舍我其谁,背负历史的重任。"器质"既可以反映一种有形的教育载体,也可以反映一种无形的教育品质,结合数控专业的特点,"器质"教育的本质是运用有形的器质培养无形的"器质",核心在于解决人与工具的关系。如何解决人与工具的关系,重点在于人如何使用工具、如何创造工具、如何具备无形的"器质"。即"善用器、创造器、成大器"。

善用器。"善用器"是指学生对专业工具的使用、专业机器的操作、信息化工具的使用等达到熟练的程度。中等职业学校要培养具有综合职业能力,在生产、服务一线工作的高素质劳动者和技能型人才。其中,引导学生处理好人与工具的关系、学会正确地使用工具是基础,即善用"器"。这个工具既包括有形的工具,如机床、画笔、仪器等,也包括无形的工具,即获取知识的工具和方法,如搜索引擎、手机App等。

创造器。"创造器"是指学生对材料、工艺、技术、设备的革新，产品的制作，流程的优化，小发明小创造，等等。立足中职生的学情特点，学校提出的"创造器"包含两层含义：一方面，指学生通过三年的在校学习，能够拿出自己的作品，作品可以是一篇习作、一支舞蹈、一套服装、一个零件，也可以是一场画展、一次演出、一项专利、一本证书等；另一方面，指学生在学校的职业教育和文化熏陶下，形成自己学习、生活、工作的经验和方法，助力学生个性发展、创新发展，真正做到人人出彩、各领风骚。

成大器。"成大器"是指学生成为具有一技之长、具备持续发展能力、对经济和社会发展有用的人才。从物质层面上升到精神层面，"成大器"就是要通过核心素养的培育，不仅使中职生成长为适应社会主义现代化建设要求的人才，而且使他们拥有成大"器"的人生追求和远大理想，拥有忠家爱国的价值情怀。

二、数控专业"器质"教育的实施策略

1. 开展以产教融合为基础的专业建设，夯实学生之"器能"

从硬件设备、师资和课程三个方面入手，每个学部打造一个在省内享有盛誉的龙头专业。龙头专业的标准有三个：一是有个全省领先的实训基地；二是在全省有几个有分量的特级教师或正高职称的专业带头人；三是在课程建设方面走在全省前列，高考成绩、技能竞赛成绩全省领先。

2. 开展以持续发展为目标的素质教育，增长学生之"器德"

首先，让学生做一个正常的人：解决学生中存在的心理和身体健康问题，纠正学生不正确的三观，改掉学生身上的不良习惯；其次，让学生做个有用的人：会学习、会做事、会共处、会做人；最后，让学生做个高尚的人：能够继承和发扬中国优良传统，模范遵守社会公德、职业道德和家庭美德。

3. 营造以景物为载体的"器物"环境

一是挖掘校园中的"器文化"元素，形成器质校园；二是增设"器文化"内涵的景观，建成器文化主题园；三是营造"器文化"的显性环境，举办"器质"系列活动。

4. 践行以全纳为理念的"器重"氛围

一是器重教师：扶持专才偏才的教师的发展、鼓励教师将自己的爱好与选修课相结合，投入资金改善实施场地、采购必要的硬软件等便利条件，让教师做自己喜欢做的事情；二是器重学生：平衡高考班和就业的资源分配，改变所有优质资源都集中在高考班的现状，充分重视就业班学生的发

展，力争在技能训练、技能竞赛、创新创业等方面有质的飞越，适当延长学生在校时间，让学生获得高级工证书；三是器重管理：持续深化看懂一张图、最多跑一次改革。

三、数控专业"器质"教育的评价方式

"器质"教育的成果需要在实践中检验，应采取显性评价的方式。创新以作品为依据的评价方法、建立可视化的评价指标、实行学分制管理是实现"器质"教育显性化评价的内在要求，给学生更多机会、更多成功、更多快乐。

一是创新以作品为依据的评价方法，构建以工具使用、作品创作为导向的评价体系。每个学生通过一定时期的学习或者跨界学习，拿出自己的"作品"即可获得对应的器质学分，让学生充分体验成功的快乐。

二是建立可视化的评价指标，选择一批具体的、显性的事件来评价学生的每个"器质"，构建学校"器质"教育的评价指标体系，实现"器质"教育的可视化评价。

三是实行学分制管理，制定《学生"器质"教育评价手册》、开发学生"器质"学分管理平台。

四、结束语

"玉不琢，不成器。"数控专业是一门注重培养实践能力的学科，只有真正做到"器质"教育，才能让学生善用器、创造器、成大器，为中国制造2025培养优秀的技能型人才。

中职市场营销学科核心素养培养的实现途径

一、"核心素养"的界定

　　2016年9月13日上午,中国学生发展核心素养研究成果发布会在北京师范大学举行。中国学生发展核心素养,以科学性、时代性和民族性为基本原则,以培养"全面发展的人"为核心,分为文化基础、自主发展、社会参与三个方面。综合表现为人文底蕴、科学精神、学会学习、健康生活、责任担当、实践创新六大素养,具体细化为国家认同等十八个基本要点。根据这一总体框架,可针对学生年龄特点进一步提出各学段、各学科学生的具体表现要求。党的十八届三中全会明确要求:"全面贯彻党的教育方针,坚持立德树人,加强社会主义核心价值体系教育,完善中华优秀传统文化教育,形成爱学习、爱劳动、爱祖国活动的有效形式和长效机制,增强学生社会责任感、创新精神、实践能力。"为贯彻十八大精神,教育部启动了"立德树人"工程。学生核心素养体系根据学生成长规律和社会人才需求,把德智体美全面发展总体要求和社会主义核心价值观具体化、细化,重点解决两个问题:"一是把德智体美全面发展总体要求和社会主义核心价值观的相关内容具体化、细化,转化为具体的品格和能力要求,贯穿到各学段,融合到各学科,体现在学生身上,深入回答'培养什么人、怎样培养人'的问题;二是为衡量学生的全面发展状况提供评价依据,引导教育评价从单纯考查基本知识、基本技能转向考查学生的综合素质。"

　　要实现上述目标,对中职市场营销学科来说,就是明确营销特色的德智体美的具体内容,做到在实践中有抓手。如何才算是有素养的人?可以概括为人文底蕴、科学精神、学会学习、健康生活、实践创新、责任担当六大素养。中共中央要求把学生核心素养培育和实践贯穿包括教育在内的各个领域，将学生核心素养融入身心意味着以此为道，经商有道，在商务活动中亲身贯彻并实践。

二、中职市场营销学科核心素养培养要点

通过大量查阅文献和实践，我们认为，同其他学科相比，市场营销学科教育同全球经济的关系最为紧密，因而要把营销人才置于经济全球化宏观背景下培养，他们所需的德智体美全面素养同经济发展更是密切相关。除具有的一般核心素养外，中职营销学科学生在人文底蕴、科学精神、学会学习、健康生活、实践创新、责任担当六大素养有自己的独特性（表1）。

表1 中职市场营销学科核心素养的独特性

营销核心素养框架	基本内容
人文底蕴审美素质	辨别商业活动和行为的善恶、美丑
科学精神道德素质	1. 坚持社会主义经营方向 2. "君子爱财、取之有道" 3. 诚信第一
学会学习文化素质	经济学、管理学、现代信息技术
健康生活身体素质	1. 身体上能够适应快节奏商战 2. 心理上能够承担风险和损失
实践创新	新技术应用于商业活动中，并能解决实际问题
责任担当社会主义核心价值观	1. 促进社会主义公有制和市场经济协调发展 2. 在经济活动中坚持集体利益 3. 做"儒商"，不唯利是图 4. 遵守商业相关法律法规 5. 在商业活动中和平竞争 6. 追求社会主义经济事业，而不是"一切向钱看" 7. 信奉诚信第一，"君子爱财、取之有道"

第一，中职营销学科应培养学生具备人文底蕴素养。人文的本质是陶冶性情、净化心灵的情感教育，人文教育的目的是使感性逐渐失去狭窄的维持生存的功利性，成为一种积淀着理性的东西，从而提高人的审美能力。对学习营销学科的学生来说，特别重要的是在国际市场中，以人文底蕴为指导，清楚辨别商业活动和行为的善恶、美丑。此外，较高的人文素养对商品定位、产品营销等均有一定程度的促进。

第二，中职营销学科应培养学生具备科学精神素养。首先，面对变幻

莫测的国际市场，坚持社会主义经营方向，把社会主义公有制和市场经济结合起来。其次，同其他人才相比，营销人才注定要与大量商品、资金紧密接触，因而要时刻保持清醒的认识，在经营管理中自觉遵守党和国家的各项方针政策及法律法规，既有利可图又不唯利是图，达到"义"与"利"的统一，正所谓"君子爱财、取之有道"。再次，在商务活动中有高尚的职业道德，诚信第一。

第三，中职营销学科应培养学生具备学会学习素养。首先，营销学科的学生需要具备扎实的经济理论基础和管理理论基础。经济理论基础即马克思主义经济理论和当代西方经济理论，管理理论基础主要是当代企业管理理论。其次，在理论知识的掌握方面，不仅要熟练把握基本理论和一般规律，还要能够及时掌握世界商务管理的发展方向和趋势。再次，还需要掌握现代信息技术。此外，营销学科的学生需要拓宽基础，加强相关学科的知识融通，以适应不断高度综合化发展的世界大潮。

第四，中职营销学科应培养学生具备健康生活素养。营销人才需要在身体上适应快节奏商战，心理上能够承担风险和损失。国际商务竞争是异常激烈的，商场如战场，商机转瞬即逝、瞬息万变，必须要有能够经得住快节奏商务活动重大压力的强健体魄。同时，也要兼具能够在激烈竞争中敢于承担风险，在挫折和困难中保持情绪稳定、不消极的顽强心理素质。

第五，中职营销学科应培养学生具备责任担当素养。对中职营销学科学生来说，在世界经济大潮中，热爱中华人民共和国，拥护党的领导，坚定不移地促进社会主义公有制和市场经济协调发展，立志于繁荣祖国经济；在经济活动中进行各种决策时，始终以集体和多数人的利益为重，并坚持公平公正的原则；立志做一个"儒商"，既能玩转商业活动，又有较高的道理修养，不唯利是图，始终坚守物质文明和精神文明两手抓两手都要硬的社会主义优良作风；在商业活动中遵守法律法规，文明守纪；在商业对战中谦恭有礼、尊尚实力，不冲突、不拆台，爱好自由与和平；爱岗敬业，追求社会主义经济事业，而不是"一切向钱看"；信奉诚信第一。

三、中职市场营销学科核心素养的实现途径

市场营销学科是一门应用型学科，是为社会经济发展服务的，培养大批优秀营销人才从而促进社会经济的快速、繁荣发展。中职市场营销学科要紧贴经济运行，无论教育理念、教育理论与实践教学，抑或教师队伍建

设，紧贴经济运行才能保证营销院校人才的培养质量，促使学生形成营销特色的核心素养。

（一）"经管法融合、商工结合"的教育理念

在核心素养的形成过程中，教育理念的转变和树立是先导，僵化、陈旧的教育理念会阻碍核心素养的形成。要想形成学生的核心素养，必须树立整体的观念，提倡人文教育与科学教育相融合，对学习营销学科的学生来说就是要"经管法融合、商工结合"，这充分体现了对事实的尊重，是符合世界发展规律的做法。在真实商务活动中，仅有经济学、管理学知识是不够的，学生需要调动方方面面的知识、能力来解决经营管理中遇到的问题。现代商品经济的发展不仅需要自然科学领域不断地创新和突破，还需要企业管理方式、产品流通方式等与之相适应。现代营销人才不仅要精熟某一商务活动领域，还要能够把握企业整体运营，即将销售、物流、财务、人力资源管理等众多因素和环节整合考虑，共同为商业决策服务。

（二）实践教学置于经济全球化背景中

实践是理论的实现，人在社会生活无时无刻不在实践，不同之处在于，是试误性试验，还是有明确理论指导的实践。中职营销学科学生的优势在于，在真实的商务活动中，不仅有学科理论指导，在校期间得到的实践能力培养也具有营销特色，是其他高等院校学生无法比拟的。营销学科的实践教学是置于经济全球化背景中的实践教学。市场营销学科与经济发展紧密相连，实践教学自然要置于经济全球化背景中，融入世界经济发展浪潮中。始终立足世界经济发展的前沿视角，模拟实践中真实发生的商务活动，同时与具有营销特色的学生核心素养相融通，把商务活动学科知识同企业整体运营相结合。在这一实践教学过程中，沟通能力是基础，对学习营销学科的学生来说仅具备日常会话能力是不够的，其学科性更为显著地体现为商务谈判能力，进行商务谈判、自我营销、辩论等是实践教学的一个着力点。同时，要熟悉真正的商务活动，不能仅仅依靠校内外实践基地这一途径，学生要勇于走出校门，深入企业去见习、去亲身实践。此外，学生需要关注世界经济发展新动向，让大量国际经济信息进入视野。强调实践教学并不意味着每堂课都要搞活动，进行实践、实训等，不是强调实践课而全盘否定理论课的存在价值，而是强调正视理论课，正确发挥理论课的作用。

（三）具有企业、行业工作背景的师资队伍

中职营销学科的学生核心素养的培养，对师资队伍提出了独特要求。为此，学校要鼓励教师广泛地与企业、行业深度合作，始终站在经济发展

最前沿，身处经济发展浪潮中，这些丰富的实践经验会积淀成教师自身素养，从而成为营销院校人才培养的源头活水之一，也能够引导学生形成具有营销特色的核心素养。正所谓"学高为师，身正为范"，要把学生培养成具有营销素养的人才，教师自己首先就必须是具有营销素养的人才。落实教育部提出的"学生核心素养体系"工作要点，构建中职营销学科学生核心素养发展体系，就是要培养德智体美全面发展，具有社会主义核心价值观的人。在教育教学实践中，要把上述目标具体化、细化为具有各学科特色的品格和能力。市场营销学科的实践形态，源于市场营销学科同经济发展的密切关系。中职营销学科学生的核心素养体系，除具有一般的核心素养外，在核心素养上有独特的营销特色。要形成这些营销特色，可以树立"经管法融合、商工结合"的教育理念，将实践教学置于经济全球化背景中，组建具有企业、行业工作背景的师资队伍。

教学改革篇

中职课堂教学与"器"文化有效融合的实践研究

一、问题提出的背景和意义

（一）中职学生核心素养必须通过课堂教学落地生根

中职学生核心素养的培育是一个漫长而又艰辛的过程。核心素养的成功塑造不仅需要理念的引领，更需要在课堂教学中得到锤炼。课堂教学是教育教学的"主战场"，"主战场"如能将核心素养落地生根，"战斗"也就成功了一大半。

（二）"器"文化将课堂教学内容与核心素养内涵相打通

课堂教学内容必须坚持以专业能力为核心，以学生专业需求为重心，将"器"文化融入课堂教学。为学生打造专业之"器"的过程，就是专业能力运用与核心素养养成的过程。课堂上打造具体的专业"器"，既丰富课堂教学内容，又促使学生养成核心素养，三者浑然一体。

二、"器"文化的内涵阐释

《说文解字》中把"器"字解释为器具、工具，因为器具都能容纳物品，是有用之物，所以"器"也引申为才华和能力。

核心素养条件下"器"文化可以有如下理解。

（一）寻找器

坚持以立德树人为根本，找到能够展示个人素养的专业之"器"，在打磨"器"的过程中，锤炼了道德情操，培养了价值情怀。

（二）善用器

以身心健康为基础，养成良好的生活习惯与专业素养，强化专业技能，为打造专业之"器"而善于运用各种专业技能。

(三) 创造器

以工匠精神为核心，具有必备专业制造能力，能够打造出展示其专业技能之"器"，进而具备一定的创造能力。

(四) 成大器

以持续发展为目标，完成专业之"器"后，提炼升华专业修养，注重全面发展，树立更高更全的人生追求。

三、螺旋递进式的"器"文化在课堂教学中的运用

(一) 寻找器——思维方式的升华

深入课堂一线，了解学生的需求，寻找核心素养、"器"文化与课堂教学的有效结合点。例如桥梁虽然不是中职建筑专业研究的重点结构，但是其涉及许多力学与结构概念，学生可以通过制作纸质桥梁这个"器"来加深对概念的理解。

纸桥梁设计项目是一项综合性大比拼，分为两个部分：理论方案、结构体系、制作工艺、陈述与答辩这四项占 40 分，承载能力大比拼这一项占 60 分（承重比＝桥梁承重/桥梁自重，承重比越大，结构性能越好），总分 100 分。一座制作成功的纸桥梁便可以成为力学与结构这门课程的"器"。

这个"器"的成功制作是学生各种专业素养的完美集结。学生以小组为单位，结合专业知识制作纸桥梁，在完成这个"器"的过程中，学生在做中学、在做中思、在做中想。学生不仅增强了学习主动性，更学会了在团队中协调解决问题。进而达到拓宽专业视野和明确专业学习目标的教学目的。

(二) 善用器——精湛技艺的培养

找到课堂教学的专业之"器"，运用专业的工具，结合专业的技能，鉴别专业知识点的差异，将打磨"器"的过程变为知识内容融会贯通的过程，变为培养精湛技艺的过程。

1. 内容体系的融合

以纸桥梁这个"器"为主线形式，对所学的建筑力学知识进行梳理汇总强化。专业教师可以从桥梁命名联系桥梁类型进行阐述，结合 PPT 形式给予动态全面的展示；引导学生桥面板的制作可以结合力学中的截面惯性矩的概念；桥面板和桥墩的连接就需要理解力学中关于支座的概念；如果学生设计的是斜拉桥，则需要考虑斜拉角度问题。

2. 精湛技艺的提升

在融合专业知识的基础上，学生以小组为单位，共同为制作成功的"器"——纸桥梁而努力。由于每位学生的专业基础、动手能力和技术水平存在差异，因此，团队合作制"器"的过程，是学生之间相互学习的过程，是专业技能提升的过程，更是思想火花碰撞的过程。在一次次的制作过程中，学生的专业技能也在一次次得到提升。

（三）创造器——技能沉淀的结晶

全班以 3~4 名学生为 1 组成立 13 个小组，进行制作纸桥梁的比赛。每个小组根据简易理论方案、结构体系原理介绍、制作工艺和陈述与答辩四个环节进行准备（这四项内容占 40 分），学生之间需要相互协调，通力配合，取长补短，为共同制"器"而努力。小组完成的"器"便是团队技能沉淀的结晶。最后是承重比加载（这一项内容占 60%），这不仅是检验小组合作的"器"质量最直接的方式，也是展示小组间技能水平的机会。

各个小组派代表就本小组的精致之"器"，上台进行简易理论方案和结构体系原理的介绍，阐释小组制作工艺的体现，面对其他小组和专业老师的提问。这四个环节很好地展示了学生的表达能力、知识运用能力及临场应变能力。最后是检验"器"的"器质"高低最直接方式，学生在加载试验小组评比中，收获了创造"器"的获得感。纸桥梁设计项目综合性评价最终结果如表 1 所示。

表 1　纸桥梁设计项目综合性评价最终结果汇总表

序号	桥名	设计者	简易理论方案 10 分	结构体系原理 10 分	制作工艺 10 分	答辩 10 分	承重比 60 分	汇总分数	最终名次
1	天桥	徐姜丽　吴婧涵	6.00	6.0	5	6	—	—	跨度不符合标准，不参加评比
2	王者之桥	吴浩峰　罗吉华　吴嘉华	6.00	5.0	7	6	23.90	23.950	6
3	诺曼蒂大桥	江水鹏　林凯强　余葛明	8.00	5.0	5	8	—	—	自重超出范围，不参加评比
4	共济桥	蒋晨成　陈金杰　钱书航	7.60	6.0	7	8	22.37	25.485	5
5	俊威桥	吴佳俊　徐一笑　沈靖威	7.00	7.0	8	7	46.32	37.660	2

续表

序号	桥名	设计者	简易理论方案 10分	结构体系原理 10分	制作工艺 10分	答辩 10分	承重比 60分	汇总分数	最终名次
6	艾诺桥	詹意兵 余永恩 邱萧航	7.00	7.0	8.0	8	49.11	39.555	1
7	庆伟大桥	叶 靖 严智焕 余鑫勤 方佳辉	7.40	8.0	8.0	7	44.20	37.300	3
8	洛初桥	叶文强 叶腾昊 曾英健 陈佳雄	7.00	6.5	7.0	7	—	—	跨度不符合标准，不参加评比
9	吕子桥	杜本涛 叶 攀 魏寒青	7.00	8.0	6.0	7	17.94	22.970	7
10	奈何桥	杨 行 陈 浩 胡祝琳	6.50	6.0	7.0	7	—	—	跨度不符合标准，不参加评比
11	流桥	吴笑娟 马慧婷 刘忆玲	5.50	6.0	7.1	7	8.00	16.800	9
12	芷事桥	洪雯婷 刘婷婷 徐美珍	6.00	7.0	8.0	6	10.20	18.600	8
13	磊枫桥	叶 枫 顾月楠 傅 磊	6.98	7.0	6.0	7	24.14	25.560	4

（四）成大器——核心素养的落地

通过对课堂教学专业之"器"的制作，有了这样可视化的专业结晶，学生既明确了学习目标，更提高了学习效率。更有意义的是，直观参与式的教学模式可以帮助学生树立专业学习自信心，促使其形成积极向上的人生观。"不积跬步无以至千里，不积小流无以成江海"，唯有脚踏实地、勤学善思，方能成就大器。

四、"器"文化带给课堂教学的两大变化

（一）提高课堂教学实际效果，提升学生核心素养

通过核心素养、"器"文化与课堂教学的有效衔接，真正落实中职课改倡导的教学理念即"做中学，学中做"，提升教学效果。推动专业课改找到合适的"器"载体，通过专业之"器"让核心素养重重落地。

（二）形成课堂教学良性循环，强化师生获得感

核心素养、"器"文化与课堂教学项目的有效实施，将有力改变专业教学枯燥性的现状，提升学生学习效果，让学生在制作"器"的过程中有实实在在的各种获得感。学生课堂有了获得感，这就意味着教师上课有了最大的幸福感。师生共享课堂教学成果，教与学"两头热"，这便形成了课堂教学的良性循环。

"课前秀"在中职旅游专业学生专业课中的设计和运用

"器"在汉语中有五种基本释义:一是器具,二是器官,三是度量,四是才能,五是器重。"器质"教育,可以理解成:一是器具规定性的教育,引申为围绕"认识器具""使用器具""创造器具"开展系列教育;二是"器官优劣程度的教育",引申为围绕"认识器官""爱护器官""锻炼器官"开展的系列教育;三是"器量优劣程度的教育",引申为围绕"认识器量""训练器量""提高器量"开展的系列教育;四是"才能优劣程度的教育",引申为围绕"重视才能""训练才能""发展才能"开展的系列教育;五是器重根本特性的教育,引申为围绕"学校器重""老师器重""自我器重"开展的系列教育。学校这几年来积极探索"器质"教育,取得了一定成绩。作为专业课教师,笔者在课堂上积极落实"器质"教育,采用"课前秀"的方法,让学生认识器、练好器、用好器。

一、中职旅游专业学生专业素质现状

旅游班的大多数学生性格开朗,敢于表达,但是每个班里总有几个胆小、内向的学生。他们在日常考核中扣分很少,从不捣蛋,从不和老师顶嘴,在班级中人缘也不错,因为他们不会得罪人。如果成绩不错的话,这样的学生会在期末评优中有非常高的人气。

在别的专业也许这样的学生没什么问题,只要踏实、肯干、默默无闻的他们也会在今后的工作岗位上有一番作为,可是在旅游专业及其他一些以人为主要工作对象的职业,如幼师、商品销售等专业,要求学生能够自如地面对顾客。

每当接手一个新的旅游专业的班级时,笔者都会仔细观察学生的整体素质,结果发现学生的专业素质并不都很到位,就算是高二年级的学生,一旦让他们走上讲台，自己演讲一段，就暴露出非常多的问题，集中体现在普通话不准、缺乏礼仪、不自信等几个方面。

（一）普通话水平良莠不齐

不少学生"四"和"十"不分，一句话中间根本听不出来有翘舌音，简单的一句"大家好，我是某某"都会把"是"这个音发不准。有的学生则是该发翘舌音的时候不翘，不该翘的时候却翘。部分学生在说某些韵母的时候总是发音不准，要么是嘴巴张得太小，要么是发音不完整，韵母没说完就戛然而止了。还有就是"二""六"这两个数字往往说不准。

（二）缺乏礼仪

我们的课程中设置有礼仪课，学生的理论知识往往掌握得不错，但是实际运用时不知道如何去做，或者是忘记老师反复强调的细节。

1. 站姿不自然

不少学生在站着演讲时会有以下情况：身体前后摇晃；一条腿不停地抖动，造成身体的重心不稳之后，换一条腿继续抖动；低头，不敢看正前方，不像是演讲，而像是在做检讨；双手没地方放，要么撑着讲台，要么两手搅在一起；还有弄头发的、捏鼻子的、摸耳朵的；等等。

2. 缺乏礼仪的点睛之笔——微笑

不少学生在讲台上时像是如临大敌，动作僵硬，非常紧张，微笑也是硬挤出来的，有的学生根本就忘了微笑。最温暖的微笑是注视对方的眼睛，发自内心地微笑，可是大部分学生的目光难寻踪迹，他们或是看天花板，或是低埋着头，面部表情紧张，光想着背词了。

二、原因分析

"冰冻三尺，非一日之寒。"学生的普通话不标准、缺乏礼仪、不自信都是长期积累下来的结果，其原因主要有三大方面。

（一）中考的失利导致的不自信

中考的失利、家长的责备、亲友家优秀子女的夸耀，都让中职学生逢年过节时感觉抬不起头来，这些直接导致了他们的不自信、胆小、不敢尝试、说话很小声、轻易放弃、自怨自艾等。在中职学校的第一年，班级中又开始分化出一批有能力、成绩好、做事认真、受老师欢迎的学生，但是至少还有三分之一的学生仍然缺乏自信心，并没有在这一年中重拾信心。

（二）不会学以致用

作为旅游专业的学生，已经学习过服务礼仪课程，很多礼仪知识都已经了解，如果老师提问，就能想得起来，可要是自己做，就会忘记。比如站姿，都曾经顶着书本练习过；比如微笑，都曾经照着镜子练习过，到关键时刻要用了，却把技能忘记了。

（三）教师上课实践操作太少

老话说，"拳不离手曲不离口"；还有的说，"一天不练手脚慢，两天不练丢一半，三天不练门外汉"。我们的专业课是分成一个个模块学习的，练的是某一个部分，如"普通话与说话"课上是练习普通话，"服务礼仪"是学习礼仪，"导游词"课是背导游词，但是全部结合在一起的练习很少。另外，每门课只开一段时间，没有长效性，学生整合知识运用的实践不多，过一段时间不练，就会遗忘。

三、利用专业课的课前5分钟整合学生的专业技能

旅游班的学生已经掌握一定的礼仪知识，具有一定的普通话基础，如果能在平时的专业课堂上放置一个可以让学生的整体素质得到锻炼的舞台，对出去参加实习工作会有很大的帮助。笔者在实习巡检中发现，在校整体素质好的学生，取得的业绩会好得多。而教师创造的这个平台最好能够有较长的时间，让学生在准备之后，向同伴展示，可以是演讲、讲故事、讲笑话、唱歌等，这些技能以后都可以在导游服务过程中用得上。

笔者尝试着在每节课正式开始前留出5分钟时间让学生自己上来讲，笔者把它称为"课前秀"。不同于语文课、英语课课前的语言表达能力的培养，笔者的课前5分钟形式更自由，关注的点更多，结合我们的专业进行。

"课前秀"每天不间断地进行，旨在天天向学生强调各项专业素质，有些隔了很长时间的知识也会在不同学生的身上体现出来，避免了"一天不练手脚慢"的情况。

（一）"课前秀"时间的选定原因

在每节专业课课前安排5分钟，每天2名学生上来展示"课前秀"。一方面，可以让2名轮到的学生尽情展示自己的才华，无论是一篇演讲稿还是一首动听的歌曲，两分半的时间足够了。另一方面，时间越长，学生越不容易发挥出色，语言、肢体动作等容易出现问题，使他们不容易获得老师的认可。学生的表演有5分钟，加上老师的点评、相关知识的回顾，其实每节课上会花掉至少8分钟的时间。这个时间既不影响教师正常的授课秩序，也不会使这个环节太冗长。

(二)"课前秀"形式的规定

"课前秀"的目的在于锻炼学生的胆量、综合运用已学的技能，所以只要学生敢于在讲台前充分展示自己，形式不是那么重要，可以是导游词，可以是笑话，可以是猜谜语，可以是演讲，也可以是唱一首歌。但都有相同的要求，那就是注意自己的站姿、表情自然微笑、目光注视正前方、语言运用得体、普通话标准等。

(三) 拍下"课前秀"的视频

自己秀得好不好，老师的评价是一个参考标准，但老师只是简单的几句话，不能说得很详细，那自己到底有哪些优缺点呢？学生肯定很想知道，所以每个学生在秀的时候笔者都拍了一段视频。有了视频，学生可以在课后细细地看，逐段甚至逐句分析，有些课堂上没听出来的语言问题也一目了然。笔者还把视频拷给学生，他们都十分珍惜，如获至宝，这也是他们高中学习的一段珍贵的记忆。

四、高二学生"课前秀"的效果

(一) 训练了学生的语言表达能力

学生在限定的时间内把准备好的内容表达出来。到底要秀什么？自己擅长什么？怎样才可以吸引老师和同学的注意力？这些都交给学生自己去准备，这个过程就是认识自己、开发自己潜能的过程，也有助于学生开阔自己的视野，自发地去找一些课外的东西。经过准备，"课前秀"使学生比较准确地展示自己的表达能力，对下面观看的学生而言也是一种技能的回顾：观察讲台上同学的普通话是否准确，吐字是否清楚，声音是否洪亮，节奏是否合适，声调是否恰当，表情是否自然……5分钟的"课前秀"，使学生看到了别人，也看到了自己，在讲评别人的同时，也在规范着自己。

(二) 有助于拓展学生的课外知识

我们的学生阅读量小、知识面窄，很多简单的常识他们甚至都不知道。笔者曾经仔细观察过某旅游班的一个晚自习，还是第一节课，本以为学生是奋笔疾书，认真完成作业。可事实上，全部30名学生，正在做作业的不到一半，剩下的一半，有的在发呆，有的在看言情小说。"课前秀"由学生自己来讲，引导学生讲一些适合中学生的知识，大家都会利用晚自习积极去准备，学生的课外知识能在无形中得到拓展。

(三) "课前秀"成为学生的期待

自从实行"课前秀"，并且给每个秀的同学拍视频之后，笔者的每节专业课，他们都很期待。越到后来学生的思路越开阔，他们还学会了使用道具，如小黑板、玩具等。为了赢得大家的赞誉，轮到的同学准备也十分充分。每天的秀都不一样，每次的课都充满新鲜感，充满趣味性，这样的情绪蔓延到整节课上，无形中增加了课堂的吸引力。

笔者的学生的"课前秀"还在进行中，学生一直在进步，不光笔者会做点评，学生们也能像专家一样评头论足。相信经过长期的训练，他们肯定会有不小的进步，肯定能成大器，这恰恰是学校"器质"教育精神的根本。

"器质"教育在中职旅游专业教学中的渗透

导游讲解是中职旅游专业学生必须掌握的一门重要技能,导游讲解水平的高低直接决定着能否顺利通过导游证面试,导游讲解也是导游服务的核心内容,是导游服务的灵魂。中职旅游专业毕业的学生在现任导游员中占了一定比例,传统的教学模式已经无法更好地满足旅游行业对导游员讲解能力的要求。所以,在新的旅游大背景下,如何有效提升学生讲解技能,培养德才兼备的导游人才,成为中职旅游专业教学中亟须突破的一个瓶颈。

在学校"器质"文化的引领下,笔者尝试将"器质"教育融入实际教学中。通过对中职学生的心理特征、讲解现状、存在问题、影响因素、解决对策等的分析和研究,发现学生讲解技能的培养和提升根本不存在立马见效的捷径,讲解水平的高低只是技能培养的最终呈现,学生技能培养的过程才是关键。笔者结合多年的教学实践和经验,将导游讲解技能的培养模式分成前期积累、中期巩固、后期突破三个阶段。在此基础上,又将"器质"教育理念融入实际教学中,以"善用器、创造器、成大器"为核心,结合实际将它们融入技能培养的三个阶段,使"器质"教育和专业教学交融渗透、灵活运用、相辅相成。"器质"教育和专业教学结合以来,虽然教学模式和教学进度有所改变,但学生的学习积极性和自信心明显增强,教师教学压力减轻,教学效果提升。现将过程和经验分成三个阶段进行如下总结。

一、前期积累,善用器

(一)前期学生讲解现状(高一阶段)

高一学生刚开始接触专业课,学习兴趣浓厚,但专业知识匮乏,基础不扎实，不仅"开口难"，更无讲解技巧可言。就像一张"白纸"，但这也是其最可贵之处，教师在这一阶段如果能够做好合理有效的引导，必将为学生今后的学习和发展树立良好的人生观和价值观。

（二）提升的思路与对策

1. 知识积累，善用器

"善用器"是指学生对专业工具的使用、专业机器的操作、信息化工具的使用等达到熟练的程度。中等职业学校要培养具有综合职业能力，在生产、服务一线工作的高素质劳动者和技能型人才。其中，引导学生处理好人与工具的关系、学会正确使用工具是基础，即善用器。导游专业的学生不仅要掌握话筒、导游旗等有形工具的使用，更重要的是要打造属于自己的独一无二的无形工具，那就是渊博的知识积累。

导游员就像一个"杂家"，上知天文，下知地理。只有知识渊博的导游，才能得到游客的肯定。所以一年级是旅游专业学生知识积累的关键期。知识是靠学生在日常的生活和学习中积累起来的，知识的积累是分时间和地点的。教师制订教学计划不仅要立足于教材，更要适当拓展，并引导学生制订相关学习计划，督促实施。培养学生养成良好的学习习惯，鼓励学生多阅读课外知识，尝试导游词创作，发挥学生主观能动性，从被动接受向主动学习转变，带动学生用知识打造最强有力的"器"。

2. 拓宽思路，准备器

"器"引申到导游讲解学习中，也可以理解为学习手段、途径等。在信息化时代，教师更应该与时俱进，在传统教学的基础上，融入新的教学理念，利用好教学和学习资源。例如：蓝墨云班课、导游证考试App、喜马拉雅电台等，提高学生的学习效率和学习兴趣。当然，教师也要做好把关工作，毕竟所有的手段都应该是为学习服务的。

3. 增强自信，培养器

高一学生往往因为知识不扎实，缺乏自信心，容易动摇退缩；教师要多鼓励，知识点的难易程度也要综合考量，一味求快求高效往往适得其反，应循序渐进，让学生感受到付出后收获的快乐，增强学习兴趣。部分学生还存在学习目标不明确、三分钟热度等问题。教师应该利用专业介绍、社会实践、岗位体验等机会，帮助学生从不同的角度来了解专业，树立起明确的学习目标。

二、中期巩固，创造器

（一）中期学生讲解现状（高二阶段）

高二学生已经有了专业基础积累，学习目标明确。但讲解水平一般，讲解技巧运用不够灵活，喜欢死记硬背导游词，导游词内容缺乏新意，导游讲解比较书面化，容易枯燥乏味，肢体语言较散漫。

（二）提升的思路与对策

1. 尝试创作，创造器

创造器是指学生对材料、工艺等的革新，产品的制作，流程的优化，小发明，等等。对于旅游专业的学生而言，则是对导游词的创作和艺术加工。导游词的创作不仅可以培养学生的逻辑思维能力，使其语言表达更有条理性和准确性，而且有利于熟记导游词，为熟练讲解导游词打下基础。

2. 实操讲解，使用器

俗话说得好，"熟能生巧"，导游讲解水平的提高没有捷径可走，唯有一次又一次不断地练习。教师可采用课堂练习、课后练习、考核练习等形式交叉训练。锻炼学生的语言表达能力和胆量。学生可以采用结伴练习、录音练习、对着镜子练习等形式来进行学习和巩固。学习平台和 App 的使用，可以加强师生之间的沟通和信息反馈，提升学习效率。结结巴巴—熟练介绍—声情并茂是每一个学生讲解练习的必经之路。

3. 仪表展示，彰显器

导游讲解不仅要注重口头表达，更不可忽视肢体语言。有的学生讲解时会有摇摇摆摆、驼背屈腿、眼神乱瞟、吐舌头等不雅行为，这些都需要学生在讲解包括训练和日常生活中加以注意。好的讲解特别需要得体的表情和动作的配合。教师在练习指导的过程中也应该多提醒多纠正。

三、后期突破，成大器

（一）后期学生讲解现状（高三阶段）

学生已经具备了基本的导游讲解能力，但还没有形成自己的讲解风格和特色，讲解水平提升缓慢，容易出现学习疲软期，部分学生出现了学习的"高原现象"。如果能够突破瓶颈，讲解水平必将更上一个台阶，讲解如鱼得水、得心应手。

(二) 提升的思路与对策

1. 博采众长，广纳器

孔子曰："君子不器。"意思是君子不应该像器物一样。导游讲解也不应该照本宣科、千篇一律，否则很难出彩。学生可以通过"全国导游大赛""大学生导游大赛"等视频，学习优秀导游员的优点。通过与优秀选手的对比，找出自己的不足和差距，通过"学习—模仿—摸索—运用—创新"的过程，不断磨炼和提升讲解水平。可以寻找不同的讲解对象进行讲解练习，多听建议多改进。条件允许的情况下，可以请各专业课老师帮忙进行点评指导，查漏补缺。也可以利用假期前往各大景区义务讲解，进行实战演练，丰富讲解经验。

2. 精益求精，磨炼器

"玉不琢，不成器。"璞玉虽好，也需雕琢。人的潜力虽大，也需要不断磨炼，剔除杂质，升华自我。学生的讲解水平提升变缓的一个重要原因是很多人都抱着差不多就可以了的态度。没有精益求精，何来卓越不凡？这一阶段更需要制定严格的标准来要求自己。比如表情、语音语调、眼神、手势、目光等都可以再细细打磨。还可以通过对景点相关历史沿革、典故等的深入了解，加强对景点的直观印象，力求使讲解更加生动形象。以一颗"工匠之心"做更多的努力，必将取得更大的收获。

3. 调整心态，成大器

"成大器"就是要通过核心素养的培育，使学生拥有成大"器"的人生追求和远大理想。旅游专业学生在导游证考试后期，往往容易出现"高原现象"。其实也不用过分担心，学生、家长、教师应该齐心协力、积极面对，争取平稳度过这一阶段。教师要更加注意自己的言行举止，不要轻易在学生面前表露情绪的大波动，必要时可以和学生挑明这一心理现象，告诉学生这只是暂时的，没有什么大不了，缓解学生的焦虑情绪。学生更是要通过听音乐、尝美食等方法彻底让自己放松。树立坚定的信念和正确的人生价值观，良好的心态是迈向成功的第一步。虽未必是行业翘楚者，但一定要尽力做最好的自己。享受奋斗的过程，成就大器人生。

学校在"器质"文化的引领下，将"善用器、创造器、成大器"融入旅游专业教学，学生掌握了导游讲解技能，提升了导游讲解水平，树立了良好的职业素养。近几年，导游证考试通过率也显著提升，更是为旅游行业输送了大批优秀人才。这都是"器质"教育创造的良性循环带来的教育成果。

让"器质"文化引领中职教育，让中职教育融入"器质"教育，让"器质"教育渗透旅游教学，让旅游教学传承"器质"，让"器质"融入讲解技能，让讲解技能成就莘莘学子，让莘莘学子成就大器人生。"器质"教育在旅游专业教学中的渗透，不仅拓宽了教学思路，突破教学瓶颈，让教育更好地服务于学生，同时提升了学生的讲解技能，弘扬了"工匠精神"，带动了学生核心素养的培养，值得我们在教学工作中加以借鉴和运用。

基于核心素养的"器质"教育探索

当今社会知识日新月异，科技突飞猛进，作为中职计算机教师，更应该积极探索培育学生的核心素养，根据不同的教学内容善用器、创造器，设计出能够激发学生好奇心和兴趣的教学内容，充分激发学生的学习积极性，使他们最终能够成大器。在平时的教学中，我们要找到更为有效的方式，让学生自主探索、动手实践，并与合作交流相结合，创造"器"以达到最佳的教学效果。面对操作性强、实用性广的计算机课程，我们还应积极引导学生"勤学勤思"以便能更加灵活有效地运用计算机。培养成大器的学生，除了让学生具有一技之长外，还应该让学生具备持续发展能力，成为对经济和社会发展有用的人才。培育学生核心素养，使学生不仅能掌握适应社会主义现代化建设趋势的专业技能，而且拥有成大器的人生追求和远大理想，拥有忠家爱国的价值情怀。

一、基于学生核心素养的教师专业素养

学生发展核心素养，是指学生应具备的、能够适应终身发展和社会发展需要的必备品格和关键能力，是知识与能力、过程与方法、情感态度与价值观的整合。内容为九大核心素养：社会责任、国家认同、世界理解、人文底蕴、科学精神、审美情趣、身心健康、学会学习、实践创新。

基于学生核心素养的教师专业素养包括专业理念与师德、专业知识、专业能力。其中，教师的专业能力是最为重要和关键的，它包括以下几个方面：

（1）教学能力。在教学设计方面：科学设计教学目标和教学计划；合理利用教学资源和方法设计教学过程；引导帮助中职学生设计个性化的学习计划。在教学实施方面：营造良好的学习环境与氛围，激发与保护中职学生的学习兴趣；通过启发式、探究式、讨论式、参与式等多种方式，有

效实施教学；有效调控教学过程，合理处理课堂偶发事件；引发中职学生独立思考和主动探究，发展学生创新能力；发挥好第二课堂、共青团、集体活动、信息传播等教育功能将现代教育技术手段整合应用到教学中。在教育教学评价方面：利用评价工具，掌握多元评价方法，多视角、全过程地评价学生发展；引导学生进行自我评价；自我评价教育教学效果，及时调整和改进教育教学工作。

（2）组织与管理能力。建立良好的师生关系，帮助中职学生建立良好的同伴关系；注重结合学科教学进行育人活动；根据中职学生世界观、人生观、价值观形成的特点，有针对性地组织开展德育活动；指导学生理想、心理、学业等多方面发展；妥善应对突发事件。

（3）沟通与合作能力。与学生的沟通交流能力；与同事的合作交流能力；与家庭、社区的沟通合作能力。

（4）反思与发展能力。反思能力；研究能力；职业生涯发展规划能力。

尽管我国一直在推进素质教育，强调立德树人，力求让学生全面发展，但基础教育的现实并不尽如人意。"应试教育"与片面追求升学率问题依然严重，学生学习往往是被动学习，不利于学生自主学习和合作学习及探究能力的提升，不利于培养学生的创新精神和实践能力，教学效益低，严重影响学生的全面发展、个性发展、主动发展与可持续发展。核心素养的提出，正是希望在高位的教育方针和具体的教育实践之间，搭建一个桥梁，使广大教师在教育教学过程中，能够时刻将自己的教育教学与核心素养相对照，使得教育评价始终在一个科学、理性的轨道中推进。

二、核心素养基础上的"善用器、创造器"

在善用器方面，作为中职计算机教师，我们在平时的教学中应尽可能给学生传授广泛的专业基础知识，通过情境教学、启发式教学、研讨式教学及任务驱动等有效教学手段，培养学生解决各种实际问题的能力。在计算机教学的深化方面，核心素养旨在强调学生能够在知识的传递过程中从传授、技能及态度方面给予学生积极的影响，进而改变学生的行为。在创造器方面，在传授计算机专业知识的同时，将基础知识结合到实践教学过程中，加强学生动手操作能力，注重对学生创新能力的培养，以帮助学生更好地适应社会的需求。同时对知识传授过程中需要的教学技能、教学态度等方面进行强化。为了更好地推进基于核心素养的"器质"教育，在中职计算机专业教学上可以从以下几个方面积极探索。

1. 引进情境教学手段

在以往的教学中,教师受到教学计划、教学条件等客观因素的影响,只是一味将知识灌输给学生,学生学得较枯燥,学习积极性大打折扣,现在的学生接触新知识的途径越来越广,这就要求教师改进原有的教学方法,不断探索出自主、合作、创新的教学方式,以实现学生学习中的主体地位,激发学生的学习自主性。情境教学就是以生动形象的情境激起学生学习情绪的一种教学方法,是当前被大家推广的创新教学方式,它的主要方法是,教师根据学生实际的学习水平和经验,为学生创设直观、生动的教学情境,将教材内容与实际生活有效地结合在一起,以激发学生的学习兴趣,引导学生参与到学习情境中。在情景创设方面,建议创设形象、直观及合作、探索的情景。同时,教师要结合教材内容为学生提供学生感兴趣的情景。例如,在学习邮件合并时,教师可以创设与学生实际贴近的情境,以动画短片的形式给出需要分发多封邮件的情景,让学生带着问题进入课堂,同时给出自主学习的资料,让学生积极主动地参与到学习中去。采用情境教学法,激发学生产生浓厚的学习兴趣和主动探究的欲望。学生的求知欲望被进一步激发,能够在兴奋状态下进行自主与探究学习,提高课堂效率。巧妙的导入能一下子吸引学生的注意力,立刻把他们带入佳境,比如问题式导入,带着问题去学习,能使学生的学习目标明确,有的放矢;演示式的导入也就是能通过课件的演示导入课堂内容,起到激发学生兴趣的作用;对比式导入,将以前学过的知识同即将要学习的知识放在一起进行对比,突出新讲授内容的优点,激发学生学习的兴趣。

2. 多采用启发式、研讨式教学法

有些教师为了节省时间以保证教学计划的完成,在课堂上只是象征性地提出一些问题,给学生短暂的时间解决,如果没什么人会,教师就会直接演示操作过程,根本没有给学生充分的操作时间和探索时间,使学生逐渐形成惰性,总是依赖教师去解决问题。启发式教学法中,教师只勾勒出大致轮廓,而具体的内容需要学生自学填充。研讨式教学法,指师生共同讨论学习,让学生在参与中积极思考和理解问题。在教学中教师应该留有让学生想象的空间,大胆放手,激发学生的创造性思维,充分发挥学生的主体性。计算机课是一门重在操作的课程。有些内容讲得越多学生越糊涂,讲了一节课不如操作十分钟。所以,在许多需要操作的课程中,应注重少讲多练,教师通过精心导入,让学生明确本堂课的学习内容,让学生在不断地实践操作中理解和掌握所学知识。在新教学理念的指导下,教师组织教学活动的实质是为学生提供自主学习的平台，让学生在探究活动和亲身经历的过程中得到发展。这就要求教师在计算机课堂上鼓励学生养成自主学习的意识和习惯，启发学生选择适合自己的学习方式，允许他们产生不同的认知或用各自不同的方式完成任务。为了有效锻炼学生的探究问题与解决问题的能力，教师在教学过程中，应结合教学内容为学生设置一些探究式问题，给学生提供自主学习的机会，使学生通过查资料、翻阅工具书等途径找出问题的答案，再经过独立思考、分析，总结出最精确的答案。例如在学习 PPT 制作时，可让学生先建立仅有文字的多张幻灯片，然后引导学生逐步增加图片，引入母版等进行美化，最后根据实际情况，学习给幻灯片配上音乐、视频，创建超级链接等，启发学生一步一步地制作出令自己满意的作品。在制作过程中，学生可以通过有意识地学习相关内容及讨论交流，掌握相关的知识和操作方法。在此基础上教师与其他同学认真评价学生完成的部分有代表性的作品，由学生自己找出不足和改进方法，学生经过认真思考和探索之后，会进一步加深对所学知识的理解。教师还可以在此基础上引导学生结合不同的制作要求提出更好的制作思路。

3. 灵活有效地运用任务驱动

所谓任务驱动教学模式，是指教师把要完成的教学内容设计成一个或多个具体的任务，学生通过完成一个个具体的任务，掌握教学内容，达到教学目的。根据计算机课程自身的特点，灵活有效地运用任务驱动是大家最为常用和最有效的教学方法。任务驱动教学法的关键是任务设计，围绕教学目标，有效地巩固、提高、深化课堂知识。设计任务的目的是有效地巩固、提高、深化课堂知识，以使其适合学生的认知能力、年龄、兴趣等特点，符合学生的最近发展区。任务设计还应体现教学重点、难点，并分解成环环相扣、具有一定难度梯度的小任务。但要注意的是，任务驱动教学模式也有缺陷，不同学生学习能力差异很大，这就要求教学过程中要加强学生间和师生间的交流，设计合理的教学任务，使学生在合作学习中共同提高。以《九九乘法表》为任务呈现给学生时，我们事先将这个任务分解成三个小的任务：自主完成第一个简单的《九九乘法表》（利用简单公式即可）；第二个任务引入字符连接；第三个任务引入 if 函数，完成实际生活中看到的九九乘法表。解决问题必备的知识是上节课讲的 Excel 公式的使用，将实际的《九九乘法表》这样一个带有挑战性的任务呈现到学生的面前，引起了学生极大的学习兴趣。同时，给出初始的简单任务，完成任务所需的知识与学生原有的认知结构产生了冲突，学生会拟订新的学习计划和完成任务的初步实施方案，从而形成新的知识结构体系。"任务"的展示千万不能泛泛而谈、含糊不清，应落到具体的某一点上。任务应有它的可行性、可操作性，且有大有小，有的任务可能只有一步，而有的任务可能要结合前面已经完成的任务进行，所以应避免流于形式，走传统授课的老路。在设计教学任务时，还要注意根据学生的特点，尽可能设计一些带有趣味性、实用性、可行性的任务，使学生愿学、爱学、乐学。

我们所开展的教学设计，应全面围绕学科核心素养展开，在平时的教学中应投入更多的时间和精力加强对教学内容的分析，从基本的理解逐渐转化为具有驱动功能的问题，确保学生对于知识和技能的全面理解与认识。在进入课堂组织及教学阶段时，作为培养学生核心素养的重要途径，还应不断完善相应的教学技巧，做好学生学习道路中的指导者，加强学生的团队合作意识和自主自律性方面的培养。教学互动的有效性，需要教师拥有理解学生素养情况的能力和沟通能力，在师生互动中还应具有协调学生人际关系方面的能力，由此应加强教师之间教育力量方面的有效整合，通过各学科的核心素养带动，充分地实现学生的全面发展。空余时间，教师应该加强专业知识方面的学习，根据教师专业发展的策略，找准自己的努力方向，通过专家指导、专业进修，做好自身的职业生涯规划，更好地投身到教育教学实践中。

通过学习，笔者对核心素养背景下教师专业素养和"善用器、创造器、成大器"的学校"器"文化有了更深层次的认识，今后，笔者要更好地实践于教育教学中，全面落实立德树人，全面深化教育改革，站在课程的高度设计教学和实施教学。笔者要努力在核心素养背景中实施教学，善用器、创造器，用发展的眼光评价学生，掌握核心技术，不仅做好"经师"，更要做好"人师"，为培养出符合社会需求的"器质"学子而不懈努力。

自主发展育人模式在中职德育课的实践

中职学校早已开启内涵发展的模式,那种天天打架斗殴只重招生不重管理的学校已很少,随着中职学校生源质量的日益提高,学生行为规范管理难度在下降,反之,教学质量、身心发展、人文素养等已越来越被中职学校重视。2016年9月发布的《中国学生发展核心素养》中指出:中国学生发展核心素养,以科学性、时代性和民族性为基本原则,以培养"全面发展的人"为核心,分为文化基础、自主发展、社会参与三个方面,自主发展又分为学会学习和健康生活两大素养,我校根据这一精神,结合中职生的特点提出了"双全两自"的育人模式,即全纳教育、全面素质、自主发展、自我管理。中职学生相对普通高中的学生而言,他们将更早地迈向社会,是不折不扣的"准职业人"。现在中职学生大部分是独生子女,在家长的呵护中长大,往往生活自理差、团体意识薄弱、自我管理能力弱等,且大部分学生由于学习能力、自控能力较弱,而学习成绩差,对学习有很强的抵触心理,大多数学生都缺乏可持续发展能力,这些都给管理者带来很大的困扰,也成为学生发展的主要障碍,因此,培育学生的自主发展素养意义十分深远,中职德育课也是践行这一理念的重要阵地。

一、自主发展模式培育的内涵具体化

1. 培养健全人格,帮助学生学会自我认识

"我是谁?""我是怎样的一个人?"进入中专阶段的学生开始关注自己了,但人最难的是客观认识自己。《心理健康》是中职德育课的重要内容,也是深受学生喜爱的课程,教育的目的是培养学生健全人格;《中国学生发展核心素养》中对"健全人格"的解释是:具有积极的心理品质,自信自爱,坚韧乐观;有自制力,能调节和管理自己的情绪,具有抗挫折能力;

等等。教师在学习中帮助学生认识和体会心理问题,为走出学校后面对复杂的环境能提高适应能力,最终实现他助、互助和自助。

(1) 在课堂中传授心理健康知识。心理健康教育课要针对学生特点,有选择、有规划地进行有关心理知识的讲授,学生通过学习心理健康知识、训练心理素质、陶冶心理品质,从而实现健全人格的目的。学生在原有基础上能够重新认识自己,强化自我意识,最终树立起符合社会发展需求的世界观、人生观和价值观。

(2) 在活动中学会心理自我矫正。德育课教师可以与学校心理咨询室一起,帮助有轻微心理障碍的学生进行心理疏导和心理矫正。学校建立心理咨询站可以为来访者进行启发和疏导,以缓解或消除来访者的心理障碍,促使其心理和人格向健康方向发展;心理宣泄室可以给压抑的心理提供一个宣泄的途径,避免学生因心理问题积压太多而积重难返。

担任心理健康课教学的老师不仅是学生的良师,更是学生的益友,中职学生存在的心理问题不能回避和忽视,应拿出切实可行的办法,帮助他们迅速摆脱不良心理的羁绊,在人生的道路上平稳健康地走下去。

2. 制定职业规划,帮助学生学会自主规划

(1) 职业体验,学生职业的第一印象。入学的第一周,学校就组织高一新生进行职业体验,成功的职业体验能大大激发学生的学习热情。初中毕业生一般只有十四五岁的年龄,当初选专业时大多受家长的影响比较大,对自己选择的专业是怎么一回事,心里是一片茫然,所以谈不上什么学习动力,如何在新生入学之初就激发其学习热情,使其对所选专业有一个美好的憧憬,职业体验的非常重要。护理专业的学生在参观了医院后大多数对护士这个职业充满向往:医院环境好,护士受人尊重,待遇好。德育课上根据这一情况再烧一把火,向学生说明该专业的现状和未来的发展前景,列举优秀毕业生的成就,如此这般绝大多数学生对学好护理专业信心百倍。

(2) 认识自我,职业规划的第一任务。学生进行职业规划,首先要对自己的情况有一个比较清楚的认识,分析学生不同的性格特点,引导他们根据自己的兴趣爱好、家庭条件和身体条件,选择自己适宜的工作,同时要注意引导他们逐步培养对所学专业的兴趣和责任感。

(3) 课堂教学,规划职业的第一阵地。根据浙江省选择性课改的要求,学校将职业生涯规划课程纳入学校的必修课程,作为高一年级德育课教学的内容。主要传授职业生涯规划的理念、知识与策略等,培养学生进行职业生涯规划的意识和能力。帮助学生树立职业目标并制定翔实的措施,初

步培养自我管理、自主发展的能力。

3. 培养良好习惯，帮助学生学会自主学习

中职生学习基础和学习能力相对较差，最重要的是学习习惯差和学习方法不得当，造成他们对学习全新的专业基础课和专业技能课，存在不同程度的困难，学习的信心也在不断地丧失。

（1）以德育课为基础，让学生树立明确的学习目标。第一个学期的学习内容是"职业生涯规划"，学生能对所学专业和将从事的职业有明确的认识，学了一段时间的专业课后，逐渐了解本专业的知识、技能和能力，慢慢培养专业兴趣，从而树立明确的专业学习目标，端正学习态度，产生学习动力。

（2）以德育课为抓手，让学生养成良好的学习习惯。好的习惯是受用终身的，好的学习习惯也是一辈子受益的。学生初中成绩差很大程度上是因为学习习惯差，德育老师要在课堂上让学生养成良好的学习习惯，比如：课前要预习，课后要复习，上课要认真，笔记要勤记，作业要及时，等等。学生的学习成绩有所提高后，慢慢地尝到甜头，好的学习习惯就在不知不觉中养成了。

二、自主发展模式培育的过程载体化

中职生自主发展素养内涵的落地需要一定的载体，教师、课堂、活动三者相辅相成、缺一不可。

1. 教师教学观念的转变是素养培育的前提

以培养学生的核心素养为纲的教学改革是学校教育改革的 3.0 版，德育教师更应该有敏锐的敏感性，站在改革的前沿，从惯用的情感态度价值观的三维思维向核心素养转变，在课堂教学中进行渗透，转变教学理念和教学行为，不断提高教学质量。

2. 生动有趣的德育课堂是内涵落实的关键

打造快乐有趣的课堂，让学生在快乐中学习，是德育教师追求的方向。中职政治课教学一直受到教材、教法等的制约，存在课难上、学生不愿听、不喜欢看书等问题，课堂效果不理想，政治课很难成为学生最喜欢的课。教师要多途径多维度地让政治课活起来、乐起来，制造轻松氛围，打造快乐课堂。好的课堂需要教师不断地激发学生的思维，师生互动就变得很自然。教师要抛出激发学生兴趣的问题，会倾听学生，对学生的反应进行及时的评价，根据师生互动情况调整教学策略。

3. 踊跃参与的活动是深化课堂的动力

内容活动化，活动内容化。一次学生参与度高、趣味性强的活动是课堂教学的有力补充，对深化课堂教学有事半功倍的作用。开展市场调查有利于激发学生的学习兴趣，为学生走向市场、接触社会提供帮助；成立时政兴趣小组，又为关心时政的学生搭建起了乐园；小组合作学习也为同学之间的交流搭建了交流的平台。

4. 弹性学分是学生自主发展的重要体现

德育课是必修课，我校规定的基础学分为3分，优秀学分为5分，学生为了得到一定的学分，可以自己选择选修科目，自行选择考试类型，自行处理不足学分，根据自己现有的学分制订下一步的学习计划，这些都是学习自我管理、自主发展的重要表现。

三、自主发展模式培育的成效可视化

中职生自主发展素养培育的成效如何，不能仅停留在口头上，还要有一定的数据材料进行检测（表1）。

表1　中职生自主发展素养检测表

检测项目	检测形式	可视结果	检测内容
学期成绩	笔试（开卷或闭卷）	分数	学生学习能力培养的情况
德育科学分	学分计算	学分	学生管理自己学分的能力
职业生涯规划	撰写职业生涯规划书	职业生涯规划书	能否制定切实可行的职业生涯规划书
德育量化考核	结合班主任量化考核细则	考核分	学生良好的学习生活习惯养成如何
心理状况测试	学校统一组织学生每学年机试一次	分数	学生健全心理状况是否更好

学生自主发展的培育是学生核心素养培育的重要内容，与其他方面是相辅相成的，中职德育课是学生自主发展能力培养的重要阵地，也是德育课的重要任务。教师观念的转变是前提，内容的落实关键看课堂教学的效果，课前课后的活动开展是教学质量提升的不竭动力。

"器质"教育在电子商务专业教学中的渗透

结合金庸先生为我校题写的"勤而立信,忠以成器"的校训,余雨生校长提炼出了"善用器、创造器、成大器"的学校"器"文化。基于此,笔者试对"器质"教育在电子商务课程教学中的渗透进行探讨。

职业教育是一种以就业为导向的教育。我校的电子商务专业经过建设与改革,将人才培养目标定位于"网店客服"及"网店美工"两大岗位群。其中,网店客服岗位群的工作任务包括在线客服、电商咨询、客户关系管理等。虽然是企业架构的最低层级,但是所有中职毕业生的第一对口就业岗位。因为通过该岗位的工作,可以直接快速地熟悉企业文化、定位,掌握企业产品价格、特色及卖点,成为每一个电商人的首要岗位,其重要性可想而知。

一、电子商务专业学生如何善用器

"善用器"是指学生对专业工具的使用、专业机器的操作、信息化工具的使用等达到熟练的程度。电子商务专业是一个复合型专业,涉及技术、经济、贸易、管理等综合学科,其专业如何建设还没有一个公认的模型。我校电子商务专业学生,主要学习网店开设、网络营销、网络客服、商品拍摄与图片处理等课程,这些课程都是一些实践性很强的课程。而主要的工具就是计算机,就需要善用"器",加强学生的动手能力。

二、如何引导学生创造器

"创造器"是指学生对材料、工艺、技术、设备的革新,产品的制作,流程的优化,小发明小创造,等等。职业教育的目标是培养应用型人才,应通过加强实践教学和实习实训,提高学生的职业核心素养。实践教学活动可按照"对实践教学的目标进行明确—制定科学的实践教学内容—职业核心素养考核与评价"的流程来实施。

糅合"做"与"思"，规范实训版块。设置实训任务时应体现让学生从"模仿—操作—理解—应用"的过程，要求达到四个一：一种岗位技能、一个实训任务、一个实训小结、一个学习反思。学生通过一个实训任务，至少掌握一种岗位技能，并在实训中分析出知识点小结，再通过实训反思，将学习心得融会贯通于职业情景。经过实训，学生能做，会思考，懂总结归纳，并形成能力迁移，掌握关键技能。才能有所创新，有所发现，才能创造"器"。

三、引导学生成大器

"成大器"是指学生成为具有一技之长、具备持续发展能力、对经济和社会发展有用的人才。每年的"双11"和"双12"期间，学部都会积极联系行业企业进行合作，让学生到企业中进行顶岗实战，从而让自己的技术跟上产业行业发展，让课程内容与职业标准要求相匹配，让评价标准与企业绩效考核相符合。例如与灵粹电商企业进行"双11"校企合作，把此项活动作为教学平台融入教学环节中，实施校企岗前培育、职业岗位进行轮岗实战体验，此时学生能把理论知识落实到实际工作之中，并逐步转化为自身的工作经验，实现从"校园人"到"职业人"的转变。除了能培养学生的发现和解决问题能力、交流能力、协作能力、创新思维能力外，更可贵的是，学生可以在此过程中形成职业意识和职业荣誉感，培养高尚的职业素养，使学生最终成大器。

四、总结

衢州中专"器"文化内涵包括四个方面：坚持以立德树人为根本，强化忠家爱国，锤炼道德情操，培养高尚的价值情怀；以身心健康为基础，修身健体，培育健康心理，养成良好的生活习惯；以工匠精神为核心，强化专业技能，加强社会实践，培植勤劳精技的从业态度；以持续发展为目标，注重全面发展，加强生涯规划，树立向上向善的人生追求。

电子商务专业技能课程的实施，须遵循学生的职业成长规律和行业的生产经营规律，让学生在做中学，在学中做，并在真实的工作环境中逐步形成工作经验，培养职业精神。这与衢州中专"器"文化相契合。在整个实践教学过程中必须坚持以职业核心素养为中心来开展，使学生能获得终身可持续发展的能力，实现学校的人才培养目标。

基于"器质"教育下专业技能教学的探讨

2019年2月13日,国务院印发《国家职业教育改革实施方案》,方案中指出,"职业教育学生的评价标准和方式未来也将发生改变,不再唯学历。从今年起,部分试点学校将启动'1+X'证书制度试点工作。其中'1'是学历证书,也就是中职、高职或者本科,而'X'则是各类职业技能等级证书。证书分为初级、中级、高级,是职业技能水平的凭证"。

近几年以来,学校层面不断提出"器质"文化理念,在全校范围内吹起了新的育人风。所谓"器质"文化内涵包括四个方面:坚持以立德树人为根本,强化忠家爱国,锤炼道德情操,培养高尚的价值情怀;以身心健康为基础,修身健体,培育健康心理,养成良好的生活习惯;以工匠精神为核心,强化专业技能,加强社会实践,培植勤劳精技的从业态度;以持续发展为目标,注重全面发展,加强生涯规划,树立向上向善的人生追求。这是新的育人指导思想。

如何结合本专业特点,将"器质"文化理念贯穿于专业教学,把学生培养成合格的"善用器、创造器、成大器"的人才,成就自己丰富多彩的人生,将是笔者要探讨的问题。

一、实施探讨

(一)善用器,夯实专业技能基础

善用器,是人与工具的关系。要求熟练掌握专业工具的使用方法,同时了解专业的发展趋势,培养精益求精、与时俱进的精神。电气专业因其特殊性,要求学生掌握更多的电工专业工具、仪器仪表的使用方法。在教学过程中应遵循以下原则:

由简到繁,由易到难,逐步递增。电工仪器仪表、工具各类繁多,但都有使用的基本规律可循。指针式仪表使用的方法都差不多，如万用表、电压表、电流表等；动圈式仪表使用方法都类似，如功率表、电度表等；电子式仪表的使用可以通过学生进行自我总结其使用方法。

手把手教学，规范使用工具，达到人人过关。"欲善其事，必利其器"，在实际生活或者生产中，出现电路方面的问题很多是由工具使用的不规范导致线芯受损。受损接线处发热，发生熔融现象，最后产生严重的短路。在教学中手把手教会学生规范使用工具，首先，可以培养良好的技能习惯；其次，培养学生的专业意识；再次，培养学生的质量意识；最后，培养学生良好的职业素养。

扩大专业视野，与时俱进，丰富专业知识。随着现代科技的发展，各类工具、仪器仪表朝着智能化、微型化方向发展。在教学中，除了引导学生学习书本上的知识外，扩大专业视野，丰富专业知识是很有必要的。在智能制造中，各种传感器起到信号产生、信号传递，从而实现智能化控制的作用。因此，在技能教学中，插入相关的知识，指导学生学会对各种传感器的应用，而不是停留在书本意义上的传感器。

(二) 创造器，力争举一反三

创造器，即经过对课程的学习，完成对相应技能的掌握，做到学以致用，灵活应用。电气专业是一门技术性非常强的专业。在课程设置中采用积木式结构，宽基础，重技能。一门理论配上相应的技能。专业课程设置结构如图 1 所示：

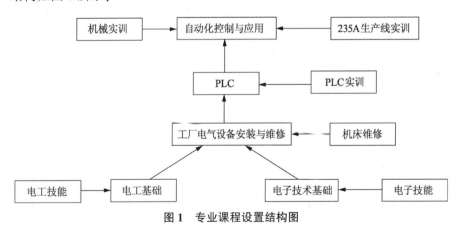

图 1　专业课程设置结构图

采用导师制教学方法，使得学生的专业理论及技能水平依次逐步提升，如图 2 所示：

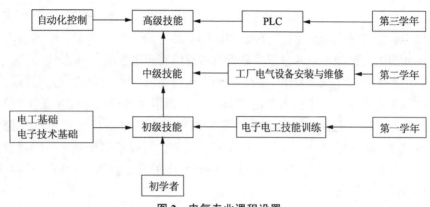

图2 电气专业课程设置

在第三学年最后一个学期，安排学生完成相应的毕业设计，根据设计要求，完成整套设计图纸，并且根据设计方案完成制作出相应的实物。

在"创造器"理念的培养模式下，历届学生在技能等级（中级工）一次性通过率达100%。学生利用所学专业知识创新发明了鸽子饲料喂食器（利用教材中自动往返控制）、手机太阳能充电器（利用教材中整流稳压电路）均获得省创业创新大赛二等奖；2006—2016年蝉联市级技能竞赛一等奖，荣获省级技能竞赛二等奖一次，三等奖两次。2015级学生参加技能高考总成绩名列全省第五名。

（三）成大器，成就完美人生

"成大器"是"器质"文化理念的最终成果，是学校、家长、学生追求的最终结果。电气专业毕业学生在校期间经过"善用器""创造器"理念的培养，经得起社会和企业的考验，培养的学生迅速成长为用人单位的技术骨干。周俊同学担任宁波赛普乐公司技术总监；徐昊同学成为公司机器人视觉系统研发总负责人；洪佳琪同学21岁成长为维修电工技师并在衢江区职工技能大赛中获得第一名，被授予衢江区技术能手称号；童登浩同学荣获柯城区职工技能大赛第一名，并被授予柯城区技术能手称号，获得技师职业资格；黄沛同学已成为仙鹤纸业常山分公司电力部门总负责人；等等。

二、实施反思

中职学校学生，其逻辑思维、解决问题的能力等都有待于提升。对于遇到的一些技能上的问题缺乏解决方法。这与学生的专业基础不够扎实、专业视野不够宽有较大的关系。这就需要老师们的引导。

学生对自己取得的一些成绩很多都是沾沾自喜，容易满足于所取得的小小的成就，这就需要老师进行思想教育，帮助其树立起积极进取的心态。

由于专业性比较强，特别是新工艺、新材料、新技术不断出现，学生所学的内容及所训练的技能可能与实际有些脱节。碰到一些未见过的器件、元件等就不知道如何去应用。"授之以鱼，不如授之以渔"，故教师除了教授专业技能之外，还要传授一些其他技巧及知识，如：如何查找相关文献、如何检索相关论文等。

部分学生喜欢单打独斗，缺乏团队协作精神。在讲究团队精神的今天，我们不赞成个人英雄主义。如果学生对团队协作的意识不够，甚至处理不好人际关系，不利于以后在社会、在工作岗位上站牢脚跟。

这几年在"器质"文化思想指导下，学校培养出来的学生专业技能过硬，为人诚实守信，立足岗位，开拓创新，得到用人单位的好评，真正成就了自己一生，创造了自己的幸福生活。

教师文化视域下的"器质"教育教学渗透摭谈

在当前核心素养培养的时代教育大背景下，我校创新型地提出了"器质"教育校园文化内涵，在一系列"器"文化探索与实践中，叫响了学校品牌，使职业学校成为学生素养全面发展成长的精神家园。

中职校园文化建设主要包含观念建设、制度建设、物化形式建设、专业特点建设四个丰富的内涵层面，是教师文化、学生文化、学校物质文化和制度文化的综合体。而其中教师文化在校园文化建设中发挥着举足轻重的作用。校园文化要真正落地，必须在如理念设计、领导部署、分工实施、诊断反思、宣传推动等环节中，充分发挥教师的教育智慧，在良性合作中引导校园文化建设沿着正确的方向向高层次可持续发展。

笔者作为一名一线学科教师，目睹了我校在实践"器质"教育过程中的可喜变化和累累硕果。同时在自身学科教学实践过程中，基于教师文化视域，针对"器质"教育教学渗透也得出了以下思考，仅摘要摭谈，以期引玉。

一、"器质"教育教学渗透的出发点：转型核心素养发展本位

伴随着知识经济、终身学习和信息时代的全面到来，学生学习、成长的环境已然发生了翻天覆地的变化。职业世界变化对职业教育课程学习的崭新要求，更使得"能力本位""技能本位"课程的不适应性和缺陷性日益凸显。教育已经进入继全面发展教育、素质教育后的核心素养时代，其核心是培养全面发展的人。

我校"器质"教育的提出，正是基于职教特色、地域特征、学校特质等文化传承的综合考量。我们提炼的衢州中专学生四大核心素养，也应鲜活地出现在教师的学科教学之中。"器质"教育教学渗透的出发点，应转型核心素养发展本位，使校园育人文化得到理性回归。

育人先导。"器质"教育教学渗透应坚持把育人放在首位，注重提升学生的人文素养，教会学会做人是学科教学的首选路径。如忠家爱国的价值情怀教育中，可以适当渗透革命文化、先进传统文化教育。

能力奠基。"器质"教育教学渗透也应教会学生学习，为其终身学习和职业发展奠定坚实基础。如勤劳精技的从业态度教育，应启发学生领悟，要能够适应终身发展和社会发展需要，不仅要具备必备品格，还需要具备职业关键能力，培养可持续发展能力。

二、"器质"教育教学渗透的切入点：创设嵌入式教学情境

"器质"教育教学渗透的阵地在课堂，只有课堂灵活有趣地深潜进入，润"生"才能"细无声"。有效开展"器质"教育教学渗透，可从创设立体嵌入式教学情境开始切入。它具有一定的针对性、启发性、新颖性、趣味性、互动性、生成性，是实现"器质"教育培养与发展学生核心素养的有效手段。

在嵌入式教学情境中，基于具体目标指引，教学始终坚持以学生为主体，立足学科教学的特质，以多种"专题探究课程"的丰富形式改变学生的传统听课模式、学习方式，使学生通过合作、分析、理解、归纳等策略达成学习目标，拓宽自主学习空间和成长环境，从而积极关注教师评价，生成自我学业诊断。

如在德育教学中，采用"故事式嵌入""体验式嵌入""课题式嵌入""竞赛式嵌入"等多种手段，通过阵地化、载体化把优秀文化潜移默化地融入学生的成长中，融化为情感态度与价值观的熏陶，使其终身受用。

立体嵌入式教学情境教学下的"器质"教育课堂，应努力追求成为：

关注生活的课堂。这是"器质"教育的认识前提。"器质"教育的落地，离不开校本化的实践和探索。学生素养发展中心的创设和《衢州中专学生素养成长手册》的付梓刊印，无不印证着生活课堂在"器质"教育中的重要性。

开放对话的课堂。这是"器质"教育的实践诉求。从"善用器"到"创造器"，中等职业学校要培养具有综合职业能力，在生产、服务一线工作的高素质劳动者和技能型人才，既需要人与工具的对话，也需要人与自我的对话，与社会的对话，与个性发展、创新发展的对话。

精技匠心的课堂。这是"器质"教育的升格要义。谋身在技，成匠在器。要成为大国工匠、时代重器，不仅要精修适应社会主义现代化建设趋

势的专业技能，更应拥有成大"器"的人生追求和远大理想、价值目标。

三、"器质"教育教学渗透的着力点：建构"全课程"课程模式

　　教育部基础教育课程教材专家委员会专家委员李振村先生首创小学中文"全课程"教育体系，影响广泛。在传统的课程设计中，教师立足各自的学科，分科教学。一味追求纵向的深度，教材的围墙、教室的围墙、校园的围墙，割裂了学生和世界、和自然、和社会丰富的横向联系，其实中职学科教学弊病相似。要想在学科教学中以教育重塑生活，以教育塑造人格，建构"器质"教育文化视域下的"全课程"课程模式也是值得借鉴的尝试。

　　打破学科界限。融合不同科目，在国家课程标准指导下，以大主题为引领，放在一个综合课程体系下进行教学，改变学生对学习的体验和认知，实施以"全人培养"为目标的"全课程"教育体系。

　　多元课程评估。通过精神状态、思维的活跃性、独立思考的能力、知识视野等层面来评估学生的学习程度。渗透"器质"教育理念，提倡多维度、多元的学习方式，在课程设计伊始，把让学生学得快乐，学得广阔，学得饱满，学得开放，学得扎实设置为原初目标。

　　如教学中职语文《人在语途》"戏剧单元"中的"雷雨"一课时，主题教学不仅仅局限在语文学科本身，以"语言赏析"大主题为引领，课内的精读、讨论等语文听说读写的能力培养训练必不可少，同时伴随着欣赏《雷雨》话剧视频，美术专业的学生可以研究舞台布景艺术，体会视觉形象中的美术语言。伴随着教育戏剧，学前专业的学生分角色表演出来，比较戏剧中的肢体语言。伴随着延伸性的学习，护理专业的学生可以去研究繁漪的"疾病语言"，多学科整合，全人、全时空、全方位、全身心跨学科一起来完成。

　　耶鲁大学前校长理查德·莱文曾说过："真正的教育不传授任何知识和技能，却能令人胜任任何学科和职业，这才是真正的教育。"[1] 在教师文化视域下，让"器质"教育渗透学科教学，非朝夕之事，以核心素养培养为目标，把"教学"升华为"教育"，以立德树人为根本，以培养"全面发展的人"为要务，这既遵循了职业教育规律，同时也是对人素养完善、情感升华、价值提升意义重大的教育活动。

---

〔1〕唐晓燕：《大学生生命教育探索》，《产业与科技论坛》，2017年第17期。

学生管理篇

新时代中职学生干部的"器质"培养

随着社会的进步,人们对于职业教育的认识在悄然发生着变化。特别是中职教育,社会在肯定的同时也对中职毕业生提出了更高的要求。作为中职学生中的榜样力量、精英代表,学生干部培养就像风向标,直接影响着校园的整体氛围。新时代背景下,中职学生干部如何培养,如何提升,成为中职学校共青团组织的重要课题。

目前,中职学校学生干部培养普遍存在一些共同的问题。

一是升级不明显。小学、初中时的班长做些什么,到了中职学校的班长还是做这些。各个学生干部岗位的名称几乎一样,职能也差不多,升学不升级。

二是能力培养档次偏低。很多家长和老师常说,担任学生干部是为了锻炼能力,学生自己也是这样认为的。可是,担任学生干部到底在锻炼怎样的能力?在实际培养中发现学生干部们都在做些什么工作?卫生、纪律、生活等,又是怎样管理的?"那个谁谁谁,别讲话了!""那个某某某,今天你的黑板没擦干净,我要告诉老师了……"几乎都是简单粗暴型的"管人"。而这样的管理,对于毕业后的企业环境是一无是处的,甚至还让学生养成了高高在上,享受特权的坏毛病,缺乏服务意识,反而不利于成长。

三是中职学校特质欠体现。作为中等职业教育,培养的是具有职业素养的技能型人才,毕业生直接对接就业岗位,他们进校时已经是"准职业者"了。然而在中职学生干部培养过程中,往往摒弃了职业学校特点,沿用了普通学校学生干部的培养模式,从而导致了学生干部培养与未来职业能力蓄养脱节等问题。

基于以上思考,新时代中职学生干部该如何培养?

浙江衢州中等专业学校创造性地提出了"办品质学校,育'器质'学子"的办学思想，让学生成为"勤学勤思立长志，向上向善成大器"的"大器人才"。校长余雨生认为，任何教育类型，究其本源，就是使教育对象处理好三个关系：一是人与自然的关系，二是人与社会的关系，三是人与工具的关系，帮助教育对象实现从自然人、学校人向社会人、职业人转变。对于职业教育而言，教育学生正确处理好人与工具的关系是完成这一使命的关键点。工具即"器"，结合金庸先生为我校题写的"勤而立信，忠以成器"的校训，指向性地提炼了"善用器、创造器、成大器"的学校"器"文化，让校园文化与核心素养培育工作同频共振。

在"器质"教育理念的影响下，针对中职学生干部培养中存在的常见问题，笔者认为中职学生干部的培养也可以一脉相承，大做"器"文章，培养具有"器质"的学生干部。

一、善用器，推进学生干部的职业化

"善用器"是指在学生干部培养中，适时导入现代企业管理、公共关系、广告学、谈判与沟通技巧、社交礼仪、办公自动化等专业课程与知识点，从而让学生干部在实际工作中有理可依，有理可靠，不盲目不粗放。在导入课程的同时，还要为学生干部工作配备与时俱进的必要设备，如办公自动化设备、信息化运用平台、智能管理系统等时代主流科技手段，不能让学生干部停留在20世纪的工作环境与水平，需要推进中职学生干部的职业化。这种与未来企业对现代管理人才培养要求的直接对接，可以大大提升学生干部的职业素养，提高工作效能，促进岗位潜能开发，让学生在这方平台得到有针对性、实用性、专业性的锻炼，这也是新时代中职学生核心素养培育的需要。

二、创造器，增强学生干部的创新力

"创造器"是指学生干部对工作流程、任务分解、目标管理、绩效考核等职能过程与结果的创新能力。针对部分学生工作，老师常常埋怨学生干部不会主动工作，眼里没活。可是，我们也要反思，作为学生干部的指导老师，我们有没有为他们创新工作搭建好平台。例如校园文化活动的开展，什么都由学校规划好，老师设计好，学生干部也就只能执行了。自始至终学生干部都在扮演着老师得力助手的角色，充其量也就是分担了一些老师的工作而已，学生干部没有自己的想法和思路，成为木偶人。而如果让学生干部主导策划与运营，充分挖掘校园文化活动的幕后潜力，实施"学校

搭台，老师引导，学生唱戏"的培养思路，学生干部也就自然而然地活了起来，想法与创意多得会让老师们意外，这样就能让学生干部探索出自己的工作方法，总结出自己的工作经验，创造出自己的工作效力。

三、成大器，提升学生干部的生涯规划

"成大器"是指为学生干部职业生涯规划营造更高的视野与格局，制定更高标准、更全面的培养方案，使之成长为具有创新能力、创业格局的管理型人才。中职学校的生源相对于普通高中，其个体差异会更加明显一些，不同的学生需要有不同的培养目标和方向。作为优秀中职生的代表，学生干部各方向表现普遍优于普通学生，他们迫切需要更高的培养目标和培养过程。学生干部平台就是职业素养实训的优质平台，在这里他们可以直面管理，强化服务意识，积蓄职业能力，赢得更多的自信心，这一系列的锻炼都会让他们走得更远，飞得更高。

中职毕业生大多面临就业问题，而学生干部平台就是他们由学生身份走向职业人身份的理想缓冲。对接未来职业环境，注重学生干部"器质"培养，是提升中职学生干部职业素养，提升就、创业竞争力的重要举措，也是新时代中职学生核心素养培育的重要途径之一。

"器"文化在班主任工作中的运用

作为衢州中专的一名班主任,"勤而立信,忠以成器"的校训时刻激励着笔者,以"善用器、创造器、成大器"为内涵的校园"器"文化对笔者的班主任工作起到了重要的指导作用。

一、善用器——指导学生认识自我

从心理学角度上说,自我认识不仅是自我意识的首要成分,也是自我调节控制的心理基础,它包括自我感觉、自我概念、自我观察、自我分析和自我评价。通过指导学生对自己能力、品德、行为等方面的社会价值进行评估可以有效提高学生自我认识的水平。作为未来的职业人,中职学校的学生应当对自身有更多的了解,这样才能更早找到人生的方向,趁着年轻为自己创造更多机会。因此,在班级管理中,班主任应当做好学生的引路人,鼓励学生发现自己的优点和长处,联系专业从实际出发指导学生做好人生职业规划,帮助学生树立正确的人生观和价值观,教育学生不单纯从物质角度出发,要注重考虑精神层面的获得感和所能创造的社会价值,成为一个对他人、对社会有益的人。

二、创造器——帮助学生提升自我

提升自我应当做到内外兼修。教育的本质是立德树人,因此,班主任在进行班级管理时,应当将帮助学生树立良好的品德意识摆在首位。特别是学前教育专业,绝大多数的毕业生都会走上教育岗位,因此,对于品德有更高的要求。作为班主任,教师应该做到以身作则,日常生活中,首先对自己要高标准、严要求,用自己的一言一行给学生做好典范。其次要帮助学生培养良好的学习习惯,"授人以鱼,不如授人以渔",学习能力得到提升的同时可以有效提高学习效率,学习和专业相关的知识,将其转化为最终的创造力。此外，班主任应当借助各种平台，创造尽可能多的机会让学生锻炼能力，如让善于管理的学生参与班级管理；让有某项特长的学生成为班级中的小导师，让他们在实践中得到锻炼和提升。同时教师应当以发展的眼光看待学生的成长，要在教育教学中和学生相互学习，创造和谐奋进的学习氛围，鼓励学生积极参与技能节、各专业的社会实践与实习、技能竞赛等，让他们得到更多的锻炼，从而在将来的工作中有更大的竞争力。

三、成大器——激励学生成就自我

要想让学生获得真正的成就感，必须在做好人生规划的基础上进一步夯实基础、提高技能。因为人生规划的实现不是简单说说就能立竿见影的事情，应当日日坚持，天天落实，班主任在班级管理中要密切关注，在进步的过程中结合实际情况、适时进行调整，让他们从日常学习中获得一点一滴的成就感，从而逐渐累积自信心，激发潜能，借助榜样力量，提倡互助，营造团结、和谐、上进的集体氛围，为学习、提高、发展创造环境。与此同时，衢州中专学生核心素养为他们指明了努力的方向，忠家爱国的价值情怀，修身健体的生活习惯，勤劳精技的从业态度，向上向善的人生追求，这一切和新时代对人才的要求高度吻合。相信在这个倡导努力向上、与人为善的校园环境中，学生们定能激发他们成就自我的能力。

核心素养理念下中职学前教育专业班主任工作的思考

2017年浙江省教育厅发布的《关于加强培育中职学生核心素养的指导意见》（以下简称《指导意见》）中用16字概括了中职学生的核心素养：品德优良、人文扎实、技能精湛、身心健康。教育事业任重道远，学前教育则更是重中之重，作为一名中职学校学前教育专业的班主任，更应对班级工作开展新的思考。

一、转变教育思想，健康和品德并重

1. 转变教育观念，提升个人认识

"核心素养"是一种教育模式：作为教育者，我们应当与时俱进，重新审视培养目标，用核心素养来指导和改变自身的教育理念。中职阶段的教育目标不应当仅仅停留在学生的行为规范培养上，也不能完全以分数作为衡量学生好坏的杠杆，学前教育专业的学生不仅要有学习能力，更要有指导他人学习的能力。作为班主任的教师要本着以身作则的态度，在日常的教育教学中向学生渗透"学高为师、身正为范"的理念，使之成为学生在学习和生活中的习惯，进而有利于教育教学的开展。

2. 注重身心健康，致力品德培养

作为学生，拥有健康的身体、阳光的心理，才能真正成为一个能力优、品质高的"社会人"。同样，只有这样的老师才能更好地投身教育行列，为社会、为国家带来积极的作用。因此，对于学前教育的学生也更应该注重这方面的培养。要做到身心健康，不仅要鼓励学生积极参加体育锻炼、强健体魄，更要引导学生用积极的心态生活，用乐观面对困难，用信心迎接挑战。魏书生说过，"要珍惜学生心灵的闪光的东西"。因此，班主任要明确工作重点，充分发掘学生的能力，放大学生的优点，将德育作为班主任

工作的首要任务。我校一直秉承的"向上向善成大器"的教育理念也将积极态度和优秀品德的培养摆在首位。

二、创设学习环境，整体和个体共抓

1. 建立班级文化，塑造良好班风

开学初期利用制定班规、班训、班歌等方式让学生快速融入集体生活、积极参与到班级文化体系构建中来，提高学生的主人翁意识和集体责任感，通过树立良好的班风来为今后的学习打下基础。同时组建班干部队伍，构建班级管理体系，鼓励学生自治，帮助学生提高自我约束力和自我管理能力。利用好开学第一课——军训，培养学生吃苦耐劳、勇往直前的精神，提高学生的团队意识。学前教育专业学生构成最大的特点就是绝大多数是女生，特别容易产生畏难情绪，打好开学第一仗，能有效激发集体正能量。日常管理中则利用各种机会进行思想教育，如：重要节日开展中国传统文化教育，重大纪念日树立学生家国情怀，帮助学生养成阅读习惯以丰富人文修养，将教育化整为零，如和风细雨般渗透到平时学习和生活中的点滴，既符合该阶段学生心理特点，让学生乐于接受，又能形成一种积极、奋进的班级常态，有效防止和解决各类班级矛盾和问题。

2. 明确专业内容，激发学习兴趣

兴趣是最好的老师。学前教育专业课程较多，除了基本的文化课外，还有"弹、唱、说、跳、画"五项幼儿园教师基本技能，但是许多学生在选报本专业以前并未对学习内容有充分的了解。因此，首先要让学生了解学前教育专业的课程内容和相关要求及本专业的就业方向和前景等，让学生做好学习的心理准备。这样做不仅能帮助学生对自身和学习有更充分的了解，容易发掘其兴趣所在，也能让学生对将来可能会面临的困难做好充分的思想准备，还能让他们有更多的时间和机会来做好职业规划。有了更清晰的目标，学生也更容易找到努力的方向和学习的兴趣。

3. 制定学习目标，关注共性和个性

"核心素养"对人的综合品质和创新能力提出了高要求，认为应当培养学生成为具有更高综合素质的跨界人才，但同时也认为教育应该从人的个性出发，尊重学生的差异性、独立性，让不同的个体得到多方面的和谐发展，这对学前教育专业的学生尤为适用。学前教育专业所学课程繁多，对学生各方面能力要求都较高，因此，班主任要调整好心态，学会用全面和发展的眼光看待学生，不仅要关注整个班级的学风建设，也要关心每一个学生的个人学习规划；不仅要重视文化课知识的学习和掌握，也要发现学生个人专业上的学习长处，并加以引导，使他们找到适合自己的发展方向，树立学习信心和养成学习主动性，形成良性循环，从而激发他们的探索欲，使之成为综合素质较高的跨界人才。

三、依托校园平台，感知与实践同行

1. 适时开展班级活动，内化学生感知力

要抓住一切机会、利用各种平台展开教育，提高学生对班级和专业的认同感，提升学生的综合素养。如《指导意见》中要求学校开展"一课、一周、一规划，实现双创教育'五个一'目标，开展中职生人文修养'三个一'活动"等，这些都给班主任教育管理提供了新思路和具体要求。可以将教育活动进行细分，一课探讨一个问题，一周开展一次主题活动，一周期规划一个德育目标，将个人修养、学习能力、生活态度、理想信念、职业技能和职业素养等纳入学习范畴，帮助学生在交流和互动中学会思考，进而由内而外地提升对他人和外界事物的感知力。

2. 积极参加校园活动，提升学习主动性

鼓励学生积极参加各级各类活动，如学前教育专业技能竞赛和文娱、体育活动，学生会工作及志愿者工作等。既能帮助学生找到平台展示专业才华树立自信心，又能锻炼学生积极参与集体活动，锻炼团队合作能力，提高集体意识，同时要特别注重引导本专业学生锻炼与人交流沟通的能力，因为学前教育专业的学生将来所从事的工作中和家长、同事的交流也是非常重要的。对于每一次活动，班主任要在事前做足准备、说清意义，事中适当引导、给予鼓励，事后及时总结、有效反馈，学生们就能最大限度地从活动中收获体验，有效提高能力。

3. 合理利用校内外资源，强化实践能动性

在践行培养中职生核心素养的过程中，我校建立了学生核心素养发展中心，中心内包含了创业教育、安全教育两大教育基地，改革发展教育、特色文化展示、榜样示范教育三大功能区，以及学生自我管理与服务、工匠精神体验、身心健康促进等七大分中心，成为中职生核心素养培育的重要阵营。在这里，学生能有机会将个人感受转化为现实行动，获得全方位的体验。同时学生在去幼儿园的见习过程中班主任应当作为坚强的后盾，积极与专业课教师沟通，注重引导学生，让他们感受真实的工作环境，将书本知识和实际操作有机结合，深化专业思想教育，运用知识，展现才华，

学会和老师、幼儿、家长相处。

四、优化评价机制，教师和学生双赢

现行的教学评价尽管提出了知识、能力、情感价值观的三维教学目标，但对目标达成情况的评价仍旧缺乏系统的方法和一定的标准，依然存在重知识考察轻能力测量的问题，注重评价的选拔功能却较少关注评价的激励机制，导致学生仍旧一味追求分数却缺乏良好的学习动机，教师虽然期望帮助学生提高综合能力，但无法摆脱以单一的分数来衡量教学效果的制约。学前教育学习内容分支繁多，发展方向也非常多元化，不能通过简单的分数或个别专业的表现进行评价。因此，在核心素养的培养体系下，评价重点应由分学科知识评价转向多元评价。这样的评价机制不仅可以督促学生更全面提升自己，也提高了教师对教学的多元化分析能力，国际学生评价项目（The Program for International Student Assessment，PISA）通过在真实生活情景中，考查学生运用知识和思维能力的表现，来反映学生具有素养的状态，有一定的借鉴意义。

综上所述，新的形势下中职学校班主任工作面临许多新的挑战，但如果班主任能以积极的心态适应新的变化，变压力为动力，借助各方力量不断创新教育管理方法和评价方式，一定能让班级管理和教育工作更有成效，也能让学生的个人素养有更全面的提高。

加强班级文化建设
提升学生核心素养

新一轮的教学改革如火如荼，几乎所有的职业教育工作者都在思考一个问题：如何让我们的职业教育与企业的要求进行"零距离"对接、与社会的要求"零距离"对接，使学生成为受企业欢迎的人、受社会欢迎的人。学生核心素养的提出，要求我们以科学性、时代性和民族性为基本原则，以培养全面发展的人为核心，综合表现为文化基础、自主发展、社会参与等三个方面，人文底蕴、科学精神、学会学习、健康生活、责任担当、实践创新等六大要素，旨在回归教育常识，回归教育本真，为学生健康成长、更好地生活服务。学生大部分的在校时间都在班级中度过，所以学生的生活质量，主要取决于班级生活的质量。而班集体生活质量的高低，依赖于学生在班级中获得的显性教育，以及班级文化满足他们发展需要的程度。班级文化是班级中教师和学生共同创造出来的稳定的生活方式，包括三种状态：最为显性的班级环境布置，最为隐性的班级人文环境和班风及处于中间状态的班级制度与规范，包括班级成员整体的行为准则和价值观等。这种隐性的教育力量，在学生的个体成长和学习过程中发挥着不可估量的作用。它影响学生的行为，对班级能起到凝聚、约束、鼓舞和同化的重要作用。良好的班级文化环境，是学生良好的道德品质、健全的人格、积极向上的精神状态形成的主要基地。因此，创设和优化班级文化，对于培养学生的法制观念、审美意识、创新思维等人文思想起着十分重要的作用。在中等职业学校，如何创建班级文化，规范学生的养成教育，让学生一毕业就能上岗，一上岗就能顶岗，一顶岗就能做出成绩。笔者就自己的班主任工作实践，总结出以下几个方面。

一、营造物质文化环境，帮助学生树立自信心

班级文化建设中最重要的一个环节就是教室、寝室的文化环境。首先，

教室是一个班级学生每天学习的地方，是一个集体的家，是班级重要的育人场所。可以发动全体学生，精心布置教室，美化教室，充分发挥教室环境育人的作用，使教室成为充满潜力的教育资源。教室文化创建的策略与方法：一要全班学生齐动手，显示想象力和创造力；二是设置既要美观，又要有熏陶心灵的教育效果。教室的布置我们重点利用四周的墙体。常规板块有学生作品展、宣传栏、图书角、卫生角、评优栏等。亮点展板：一是在进教室最醒目的地方，张贴了班级的管理目标。比如大幅字体"追求人格的不断完善，追求学习的不断进步"等，写在教室黑板的上面，让这种理念成为全班同学共同的行动纲领，共同的理想追求。并时时提醒他们，要奋发向上，不断进取。二是做了一个与企业对接模式的展板。根据中职学校的特点，三年职校生活结束，学生将走上工作岗位。我们培养的是工厂的一线工人，我们的毕业生将走进工厂，班级文化的教育功能体现的就是培养优秀的产业工人，让学生做好去企业的准备。于是，我们把优秀的企业文化做在墙面上。展板内容有学生穿着工装在工厂实训的照片，有企业生产车间流程图示和企业的警示标语，目的是让学生在教室里能找到工厂里的感觉。

寝室的文化创建，针对学生住校的特点，寝室就是他们在校的家。这里面要有家的感觉。布置时要温馨一些，可以用一些提示性标语来引导他们的行为。

二、建立制度文化，帮助学生养成良好的行为习惯

制度文化是班级文化实现的保证。为了规范学生的日常行为，使其养成良好的习惯，要在学校各种纪律的基础上，制定符合本班实际的班规，并注重各种规定的实施检查，从而利用制度的强制性来逐步使学生养成各种良好习惯，进而受到教育。考虑到目前中职学生的特点，很多学生都是没有考上普通高中，成绩比较差，甚至有初中都没有上完的学生，要制定一个对全班学生都有约束力的制度尤其重要。班级各规章制度可由班主任协调，由班长带头，各职责负责人草拟出，再全班通过制定。班级各规章制度由各职责负责人执行，全班监督。班级制度主要是从学习、纪律、卫生、班风四个方面着手，并辅之以量化考核标准，使学生的日常行为规范化、具体化和制度化。在操作上具体的措施是实行扣分和奖励条例。违纪实行扣分制，做得好的给予奖励。每周统计并公布一次，期末总评比，作为评优评先进的重要凭据。由于是学生自己制定的规矩，在纪律面前人人

平等，因此，操作起来相对比较容易，通过班级制度文化，培养学生的法制意识和法治精神，养成遵纪守法的自觉性。

三、培养学生的团队精神和集体荣誉感

一个企业的成功需要全体员工的共同努力，一个班级的进步更离不开全体同学的协作。有许多企业在挑选人才时很注重学生的团队协作精神。这种精神需要从学生时代开始就着手培养。

现在的学生很多是独生子女，个性特征鲜明，缺乏团队精神。加强团队精神教育，就是要增强学生的集体意识、团队意识、合作意识、沟通意识，进而在班级营造团结互助的良好氛围，形成和谐共进的生动局面，使团队精神成为班级文化建设的精神内核。

班级活动是学生学校生活的基本形式，也是班级文化建设的重要内容。我校主要是通过开展形式多样、新颖别致的班级活动，丰富学生的业余文化生活，让学生在活动中体验、感悟、发展，通过活动，打造奋发向上、团结拼搏的班级精神。比如可以利用晨会、班会等时间培养学生的表达能力。由班干组织进行口头表达能力的训练，形式有讲故事、唱歌、知识问答等。活动结束后，大家投票选举产生两位相对优秀的学生，进行表扬奖励。可以说，节目的开展，既丰富了同学们的知识，又增加了彼此之间的理解，增强了班级的凝聚力。开展各类文体活动，可以活跃班级气氛，增强团队合作，鼓舞班级士气。

教师在平时的工作中也应该有意识地引导学生，比如分配劳动时，做好身材高矮、体质强弱、男女比例的调配工作；体育比赛时，做好场上运动员与场下"啦啦队"的默契配合工作；等等。教师要引导学生在团队中学会扮演良师益友的角色，给别人提供力所能及的帮助，与同伴群策群力解决问题；学习建立信任及解决冲突的技巧；学习在公众场合推销自己又学习别人长处的方法，从而使集体具有强大的凝聚力和亲合力；让人与人之间优势互补，协同发展。

长此以往，班级同学的集体荣誉感明显增强，合作意识和合作能力明显提高。"班荣我荣班耻我耻""班级是个团结的大家庭"会成为全班同学的共识。

实践证明，生动活泼的班级文化氛围能使师生心情愉快，能激励学生不断进取，主动、健康地成长，能使学生更加积极、轻松、热情地投入学习、生活与工作中。因此，班主任只有耐心细致地抓好班级文化建设，细

水长流，润物无声，才能使学生在良好的班级文化氛围的熏陶下健康成长。班主任是一班之魂，教育的理念在发展，教育对我们的要求在提高，班主任应努力提高个人素质，拓宽管理思路，不断提高思想水平、管理能力，在班级管理中引入企业理念，形成独树一帜的班级优势和特有的班级个性，从而全面提升学生各方面的能力，顺利完成学校与社会的对接。

基于中职学生核心素养发展下的班主任工作的创新

随着世界多极化、经济全球化、文化多样化、社会信息化深入发展，各国都在思考 21 世纪的学生应具备哪些核心素养才能成功适应未来社会这一前瞻性战略问题，核心素养研究浪潮席卷全球。面对日趋激烈的国际竞争，我国要深入实施人才强国战略，提升教育国际竞争力，也必须解决这一关键问题。我国将全面贯彻党的教育方针，落实立德树人根本任务，学生"核心素养"发展成为下一步深化工作的"关键"因素，成为当前中等职业教育研究和关注的新热点。那么，中职学生的核心素养究竟是什么？具有哪些内涵与特征？班主任又应该如何在班级管理工作中创新来创设适合学生"核心素养"发展的优良环境呢？这是本文将要探讨的重点。

一、中职学生"核心素养"是什么

2014 年 4 月，我国教育部颁布《关于全面深化课程改革落实立德树人根本任务的意见》，要求加快研制建立"学生发展核心素养体系"，以此推进课程改革的稳步深化，促进教育和谐发展。2016 年 9 月，北京师范大学发布《中国学生发展核心素养》总体框架，将"文化基础"与"自主发展""社会参与"并列为三大方面，包含了"人文底蕴""科学精神""学会学习"等六大素养，并具体化为"国家认同"等 18 个基本要点，同时更加突出了"实践创新"的地位。2017 年 7 月，浙江省教育厅颁发《浙江省教育厅关于加强培育中职学生核心素养的指导意见》，明确指出中职学生核心素养，是指中职学生应具备的适应全面发展和社会发展需要的必备品格和关键能力，是其获得全面培养、成功就业、持续发展不可或缺的基本素养。中职学生核心素养问题关系中职教育"培养什么人"的根本问题，是中职学校办学方向的关键所在。培养和发展中职学生核心素养，是落实立德树人根本任务的重要举措，是加强和改进中职学校思想政治工作的重大政治任务和战略工程，也是适应职业教育改革发展趋势、提升职业教育影响力的迫切需要。各地教育行政部门和各中职学校要站在为党和国家培养社会主义可靠接班人和合格建设者的高度，充分认识加强培育中职学生核心素养的重要性、必要性和紧迫性，充分发挥积极性、主动性和创造性，全力加强中职学生核心素养培育工作。

二、中职学生"核心素养"的内涵及班主任工作创新的必要性

浙江省中职学生核心素养的基本内涵是：品德优良、人文扎实、技能精湛、身心健康。核心素养的培育，要坚持以立德树人为根本，坚定理想信念，锤炼道德情操，强化法治纪律，促进文明养成；以持续发展为目标，夯实文化基础，提升人文修养，加强生涯规划；以工匠精神为核心，厚植匠心文化，强化专业技能，培植双创意识；以身心健康为基础，锻造强健体魄，培育健康心理，加强社会实践。构建"核心素养"体系作为进一步深化课程改革工作的关键因素，已处于落实立德树人目标的基础地位。与传统的三维目标相比较而言，"核心素养"具有鲜明的特点。首先，学科的综合性，必须各学科协同聚力。其次，依赖于学生自主反思，需要学生主动参与，能力归于实践，特别需要注意的是，培育学生的"核心素养"促使班主任的工作发生了实质性的变化。在传统教学与班级管理中，班主任的角色是学生的管理者，处于支配地位，而对于其他任课教师来说，班主任负责接收任课教师对学生情况的反馈，在教学上仅仅是任课教师的协助者。然而，这些传统的班主任角色显然已经难以应对当前培育学生"核心素养"的挑战。

基于对"核心素养"的分析，我们不难发现，培育学生的"核心素养"从育人模式上来说，就是要打破学科界限，形成多学科的聚力，实现从学科本位到学生素养发展本位的根本转型；从日常教学和班级管理的层面来说，就是要实现管理方式和教学模式的根本转型，目的是让学生在真实问题情境中培养和体现独立思考与合作探究的精神，即对学生主体性的培育；从家校关系上来说，就是要将家长、教师统一到培养学生核心素养上来，实现有效配合，相互促进，形成合力，促进学生自主形成适应未来社会的基本素养。

因此，当班主任对学生具有多种特征的"核心素养"进行培育的同时，也凸显了班主任自身工作创新的必然性。首先，学生"核心素养"的培育不

仅仅是某一学科任课教师的"独角戏",而是需要所有任课教师密切配合,团结协作,而班主任作为学生群体发展的核心责任人就必须发挥统筹教师团队的核心作用,成为教师团队的核心,充分聚合任课教师之力。其次,对学生"核心素养"的培育要求班主任与家长密切配合,形成家校合力,共同为学生创设反思的环境条件,培养学生"健康生活""责任担当"等素养,这就必然使得班主任在工作中扮演亲子沟通的智慧参谋,为亲子沟通提供指导。最后,对学生"核心素养"的培育要求班主任为学生"在社会异质团体中互动"或"社会参与"创设良好氛围,这就必然要求班主任成为学生自治管理班级事务的组织参与者,区别于传统的班主任管理模式。

三、培育学生"核心素养"中班主任工作创新的有效路径

面对世界多极化、经济全球化、文化多样化、社会信息化深入发展,核心素养战略问题成为教育关注的焦点。班主任在培育学生"核心素养"之时,究竟要怎样在工作中创新呢?本文针对班主任与任课教师、班主任与学生及班主任与家长等三方面的内容,通过一些实例,探讨培育学生"核心素养"中班主任角色转型的具体路径。

1. 由工作协助者创新为班级教师团队的核心

班主任在传统管理职责中,只负责对班集体的管理,任课教师负责相应学科的教学,任课教师间沟通协作较少、各自为政。以往的情况中任课教师会因为教学过程中发现有关学生的异常情况将信息反馈给班主任寻求协助,而班主任在管理班级过程中很少要求任课教师经常参与和协助。班主任和任课教师之间相互独立,并无从属关系,这就导致了班级的教师团队相对松散,缺乏大局观。而这样的格局对学生"核心素养"的培育显然有所缺陷。

班主任要打破学科界限,发挥核心作用,以班级为单位,组织本班级不同学科的教师一起研讨,共同交流讨论问题,开展针对学生"核心素养"与学科整合的专项课题研究,各抒己见,明确各自的任务分工,在共事中共同发展。同时,班主任可以组织各种类型的教师非正式交往活动,让任课教师在更宽松和自由的氛围中感受团队建设的必要性。在各级各类面向学生的活动中,相关学科任课教师都可以贡献自己的一分力量,班主任应该号召班级学科教师共同参与其中,促进教师团队的凝聚力。总之,班主任需要以培育学生"核心素养"为核心,汇集班级任课教师的力量,"形成有和谐一致的价值取向、相通相融的教育行为、系统协调的教育功能的团队"。

2. 由日常反馈者创新为亲子沟通的智慧参谋

在传统的管理方式中，班主任主要是对学生的在校行为表现进行管理和约束，跟家长的交流沟通也仅仅是针对学生在校期间的行为习惯，充当着学生在校情况的反馈者。当学生"核心素养"被提出后，我们可以发现"健康生活""责任担当"等素养并不是学生在学校就可以完全习得的，况且学生生成相应素养更需要在生活情境中不断反思。因此，这使得家庭作为第二课堂的作用越发凸显，亲子有效的沟通交流成为必不可少的环节。

3. 由管理者创新为学生自治管理的组织参与者

传统观念中，班主任常常以领导者的姿态出现，充当了管理者甚至是直接指挥者的角色。学生作为班级的一员是处在被动接受命令、被支配、被控制、被管理的状态。然而，随着学生发展的"核心素养"被提出，"在社会异质团体中互动"即"社会参与"作为学生"核心素养"之一成为基础教育阶段高度重视的育人目标。显然，依靠原先的陈旧管理方式，已无法继续适应当前的新环境。

在有效培育学生"社会参与"的素养过程中，班主任不可能再是传统班级管理中"说一不二"的领导者，而是要帮助学生摆脱被动接受命令的习惯，给学生充分的自主权，有效地组织学生在自主管理中发现自我的价值。而学生作为班级管理的主角，通过与同伴积极有效的沟通交流，迸发管理智慧的源泉，生成合作协商的民主意识。这样具备民主氛围的班级就要求班主任由班级事务的管理者转变为学生自治管理的组织参与者。除了具备"学生本位"的意识外，还要拥有组织学生的智慧，引导学生在自主管理班级事务中发现疑难、寻找解决对策、合作协商解决疑难。例如，针对下午第一节课班级学生学习效率不高的情况，班主任可以组织学生在班会课畅所欲言，学生之间相互讨论找出原因后，由每个学生分享一个对策，再由各小组讨论可行性，在这个过程中班主任要关注每个学生的表达方式和性格特点等因素，从而确保每个学生都可以参与班级事务。同时，班主任作为组织者，还应该帮助性格内向的学生，培养他们敢于表达自己的观点，更好地融入学习共同体当中。

苏格拉底"产婆术"告诉我们，可以从不同维度引导学生形成批判性思维、辩证地思考问题、处理事务，对学生自主管理班级的过程与方法做出综合性的评价。在围绕班级事物的管理过程中，班主任与学生的关系真正从传统的"命令官—办事员"转变为平等的"朋友—朋友"，真正践行《师说》中强调的"弟子不必不如师，师不必贤于弟子"。

如何在班级管理中巧用"器质"教育

教育是人和人心灵中最微妙的相互接触。现在的班主任越来越难当，每一个学生的内心都是丰富的未知世界，正在等待被开启。如果工作中只会采用老套的方法，那只能是徒劳，班级管理也会毫无起色。倘若班主任能走进学生的内心，缩短师生之间的心理距离，那么班级管理也会日趋成功。要搞好这门心灵艺术，笔者认为灵活地运用心理效应是行之有效的方法，甚至会取得事半功倍的效果。

心理效应是社会生活当中较常见的心理现象和规律；是某种人物或事物的行为或作用，引起其他人物或事物产生相应变化的因果反应或连锁反应。同任何事一样，它具有积极与消极两方面的意义。因此，正确地认识、了解、掌握并利用心理效应，具有非常重要的作用和意义。

一、巧用"亲人效应"，拉近师生间的感情距离

所谓"亲人效应"，就是说要使对方接受你的观点、态度，你就要同对方保持同体观的关系，也就是说，要把对方与自己视为一体。教师要真正把学生当成亲人——做学生的知心朋友，站在学生的角度去考虑问题，学生自然会听你的。

下面的案例就是一个很好的说明。有一次，学校组织队列比赛，一个淘气的学生为了参加比赛，特地请妈妈送来一双新鞋。可是当他在教室低头换鞋时，被值日生锁在了屋内。操场上比赛就要开始了，教师派人到处找不到他，结果全班因少他一人，整体总分少一分。大家为丢了这一分而遗憾。回到教室后，同学们发现他端坐在教室里。老师冷静地问明了他没参赛的原因后，并没有批评他，而是认真分析了这件事发生的前因后果，并且告诉全体同学："如果我遇到这种情况，我也会这么做，因为这样做总比跳窗砸门更安全些。"教师这样做，没有给这个学生造成心理伤害，反而

使他觉得老师是"自己人",值得信赖,以后再有事也不背着老师。

说服学生按照你的建议去做,只是向他们提出好建议是远远不够的,可以强化和发挥"亲人效应",让他们先喜欢你,然后再接受你的意见。

二、巧用"共生效应",增强学生的团队意识

植物里有一种现象:当某种植物单独生长时,会枯萎、死亡,但当它同另一种植物共同生长时,却长得生机勃勃。人们把植物界中这种相互影响、相互促进的现象,称为"共生效应"。

当今社会正处于一个竞争激烈的时代,适者生存,不适者被淘汰也不可避免,只有懂得与人共生的道理,才是为人处世的上上之策,这就类似于植物界的那种"共生效应"。和学生共同研究"共生效应",不难体会到它对于生存之道的重要意义。假如把社会形容为奔腾的大海,那么,我们每一个人都不过是一滴水而已。一滴水怎样才能不干涸?把它放到大海里去。是的,很简单的道理。每一个人只有融入社会,强调团队意识,才能获得新的生命,赢得"共生效应"。

而现实生活中,部分学生只顾着自己的学习或玩乐,很少顾及其他同学的学习和感受,比较自私,缺少团队意识、合作意识及相互帮助的意识等。班主任有责任去强化学生的团队意识,这是班级管理的需要,也是学生今后适应社会的需要。必须让学生懂得:团结就是力量。

笔者尝试在班级中建立一些"共生圈",每一个"共生圈"就是一个团队,每一个团队的成员都进行比较合理的分配。其中有学习、行为表现突出的同学,也有"后进生"。要求很明确,同学间必须互帮互助,不仅在学习上,还有在行为表现上,互相取长补短。实行一阶段后,笔者及时对每一个"共生圈"进行全面考核。只有全组成员都达到要求才算达到目标,只有全组成功才意味着个人成功。团队意识形成之后,才不会导致孤军奋战的局面。逐渐地,班级里形成了互帮互助、你争我赶的学习氛围,这不仅有利于增强学生的团队意识,也大大增强了班级的凝聚力。

三、巧用"幽默效应",创建和谐的班级氛围

苏联教育家斯维特洛夫说过,教育家最重要的、也是第一位的助手是幽默。现在美国评价一个优秀教师的标准之一就是要有幽默感。有幽默感的教师更受学生欢迎。教师恰当运用幽默可以增添师生的生活乐趣,消除师生教学时面临的困境,减少不愉快的情绪,创建和谐的班级氛围,使学

生精神放松，教学气氛更加轻松融洽，教育教学更富成效。

例如，有位同学很腼腆，上台发言极不自然，摸耳朵，揉鼻子，拉头发……笔者笑道："看，某某上台演讲先进行热身运动，精彩的故事在后面呢，请大家支起耳朵听。"众人大笑，台上的同学自然也笑了，很轻松地讲起故事来。

这个效应也可以针对强烈渴望把老师当朋友的学生，他们不喜欢太严肃的批评指正，反而更能接受玩笑中的一个指点。如，有位学生经常上网，晚睡，上课的时候精神恍惚，眼睛眨巴，笔者说："看，某某，很有毅力，正在努力三打瞌睡虫。"他一笑，精神为之一振。

由此可见，教师不妨巧用幽默，化庄为谐，让教育变得平和亲切，容易接受。

四、巧用"放大效应"，让欣赏代替批评

"放大效应"就是用放大镜去寻找学生的优点和长处，找各种理由表扬学生。老师应该用一种"花苞心态"去教育学生，学会赏识学生，善待他的缺点，这样学生一定会像花苞一样开花结果。因而，我们在批评学生时，应善于发现他们哪怕是微小的优点，及时给予认可、肯定，往往会收到很好的教育效果，我们不妨把这种效应称为"放大效应"。

有些学生很自卑，可能一次批评，会带给他很大的挫败感。这个时候就要积极采用"放大效应"，提高学生的自信心。例如，有个女孩看到妈妈在厨房里忙碌，便过去帮妈妈择菜。结果，她把菜叶弄得满地都是。妈妈见孩子这样帮"倒忙"，气不打一处来，便明褒暗贬地对孩子说："你可真能干，我们家都快成菜市场了。"妈妈这句冷嘲热讽的话，打击了孩子"尝试"的积极性。这个女孩从此不再帮妈妈择菜。而另一位聪明的母亲，在发现女儿淘气地将自己刚洗完的衣服放进水池里以后，只是惊喜地对女儿说："宝贝，你真的长大了，能帮妈妈干活了。让妈妈教你洗衣服好吗？"结果，女儿兴致勃勃地学会了洗手帕，后来又学会了洗衣服。

我们的学生也还都是孩子。在批评教育中，教师能多给学生一点欣赏，就等于多给学生一阵春风，一场雨露，使学生脆弱的自尊心产生强大的动力而健康茁壮地成长。所以，假如学生习惯撒谎，教师不妨在学生说实话时表扬他，用表扬强化诚实，使学生克服撒谎的缺点，假如学生学习不够认真，我们也不必劈头一顿数落，不妨在学生认真学习时，用表扬去巩固学生的认真……只要我们擦亮善于发现优点的眼睛，学生就会因为我们的

发现而很快进入健康成长的轨道。

五、巧用"登门槛效应",循序渐进帮助学生进步

"登门槛效应"是美国社会心理学家弗里德曼与弗雷琴在1966年的一次实验中提出的。日常生活中有这样一种现象:在你请求别人帮助时,如果一开始就提出较大的要求,很容易遭到拒绝;而如果你先提出较小的要求,别人同意后再增加要求的分量,则更容易达到目标,这种现象被心理学家称为"登门槛效应"。心理学家认为,一下子向别人提出一个较大的要求,人们一般很难接受,而如果逐步提出要求,不断缩小差距,人们就比较容易接受。这主要是由于人们在不断满足小要求的过程中已经逐渐适应,意识不到逐渐提高的要求已经大大偏离了自己的初衷。

而这正是转化"后进生"的好方法。作为班主任,我们要给"后进生"创造成功的条件和机会,让他们体验到付出就会有成功,增强自信心。但对于"后进生"来说,不可能立竿见影。所以我们要学会运用"登门槛效应",先提出较低的要求,让学生去做一些力所能及的事情。待他们按照要求做好了,予以肯定、表扬乃至奖励,然后逐渐提高要求,使每个人都能积极奋发向上。

例如:刘 X 学习不好。老师在一开学就与他谈心,鼓励他上课注意听讲,努力提高学习成绩。头两天他表现得很好,并做对了一道难题。老师及时鼓励他说:"刘 X,你很聪明,这样的难题只有你和 Y(一名好学生)答对了。以后就这样学,你会成为全班的排头兵的。"老师的鼓励激励了刘 X,他的学习劲头更足了。

刘 X 由于以前没有养成良好的守纪律习惯,在无意中又违反了纪律。老师又找他谈话说:"学习都能赶上来,还不能守纪律吗?今天你违反了纪律,回去写一份检讨,作为守纪律的开始。"这个学生认认真真地写了一份检讨交给了老师,老师被他的诚心感动了,因为这份检讨比任何一次作文都写得认真写得好。

一个星期后,刘 X 因没带名签被值周生堵着了。老师再次找他谈话说:"刘 X,你开学以来进步很大,特别是从上次检讨后,老师看到了,你有做一名好学生的决心,这次再写一次检讨好吗?"刘 X 很难过地低下了头。老师接着又说:"这次你很诚实,没有央求值周生不记你的名字,老师相信你一定能记住这次教训,做一个严守纪律的好学生。"刘 X 很感谢老师的帮助,深深地给老师行了一个鞠躬礼。从此以后,他再也没有上课说话、做

怪脸等调皮动作，成了一个学习努力、态度认真的好学生。

　　总之，在班主任班级管理中，巧用心理效应，能取得意想不到的教育效果。在运用心理效应的过程中，千万不能一概而论，必须具有针对性，不同的学生运用不同的心理效应，或是采用不同的运用方法。只有正确的运用心理效应才能收到理想的效果，否则只能是东施效颦。

核心素养篇

浅谈"器质"教育与核心素养

近年来,衢州中专开展了一系列关于"器"文化建设的探索与实践。以"善用器、创造器、成大器"为核心,学校成立了全国首个学生素养中心,提炼出中职学生核心素养的内涵,形成"双全两自"育人模式。随着教育实践探索的深入,学校推进"器质"教育与学生核心素养培育的不断融合,形成特色鲜明、内容丰富、成效显著的人才培养机制。

核心素养的本质内涵是什么?核心素养究竟要解决什么问题?对于"核心素养"一词,不同国家表述不同。如美国21世纪技能合作组织将其称为"21世纪技能",经济合作与发展组织将其称为"关键素养",澳大利亚称其为"综合能力"。尽管表述各异,但都表达了不同组织、国家和地区对于未来公民应该具备怎样素质的追问。

"中国学生发展核心素养"课题组负责人、北京师范大学教授林崇德此前指出,中国学生发展核心素养是深入回答"立什么德、树什么人"的"教育DNA",有效整合了个人、社会和国家三个层面对学生发展的要求,是对素质教育内涵的丰富与深化。

浙江省教育科学研究院副院长程江平认为,核心素养的提出,源自对当下中职教育质量的"不满"。一方面,中职生缺乏必备品质,如个人素养、社会关爱、家国情怀等;另一方面,中职生缺乏关键能力,工业4.0时代,经济社会变革加剧,社会发展所需的岗位技能不断更新,如果人们没有不可替代的关键能力,很容易被社会淘汰。在程江平看来,核心素养的提出,更深层次的意义是探讨我们今天到底要培养什么样的人,什么样的人才能够适应21世纪的社会。

衢州中等专业学校校长余雨生有自己独到的思考:核心素养是中职生适应全面发展和社会发展需要的必备品格和关键能力,是其获得全面培养、成功就业、持续发展不可或缺的基本素养,关系到中职教育"立什么德、树什么人"的根本问题,是中职学校办学方向的关键所在,只有回答好了这一问题,核心素养才能真正落地。

核心素养教育反映在整个学校的教育教学中,其落实离不开课程改革、教师培训、科学评价等。目前,教育部门和不少学校已经开始核心素养实施路径探索。作为首批全国中职改革发展示范校的衢州中专在中职生核心素养发展方面已经率先做了大胆和有效的探索,引起了浙江省教育厅和中职同行的关注。

2017年11月中旬,衢州中专学生核心素养发展中心正式成立。这个占地5000余平方米的中心包含了创业教育、安全教育两大教育基地,改革发展教育、特色文化展示、榜样示范教育三大功能区,以及学生自我管理与服务、工匠精神体验、身心健康促进等七大分中心。在具体实施中,中心将素养课程与活动资源融合在一起,全权交由学生负责运营,使得台前幕后都成为学生开展素养实践的平台。这个实施模式很好地体现了"素养是知识、能力、情感价值观三者的整合",而知识技能须在情境中获得,同样也只有通过在情境中的应用,才能形成能力和素养。学校不遗余力地建设学生素养发展中心,创新"器"文化主阵地,为推进"器质"教育与学生核心素养培育的不断融合奠定了坚实基础。

笔者认为,衢州中专在建设好学生核心素养发展中心的同时,首先,要高度重视相关课程的开发与建设。课程是学生核心素养培育的主阵地,中职学生核心素养培育必须扎根课堂,依托课程。学校要将学生核心素养培育融入课程体系之中。课程开发要强调整体性,注重学科之间的相互融合,把学科素养和综合素养统整起来,学生通过浸润式学习,将知识内化为能力,将能力内化为素养。

其次,评价改革是核心素养落地的重要杠杆。学校要将核心素养评价体系的建构和实施,与当前的学科教学体系、评价体系进行深度整合,实现由分科知识的评价向基于综合的认知能力、态度和价值观的素养评价的转变。评价实施过程中,教师要把评价的一部分权利交给学生,努力建构他评与自评相结合的评价方式。学校要对原有的衢州中专学分制进行适应性改革,依托学分制管理,允许学生进行核心素养课程的选择性学习,同时进行阶段性学分认证,形成一套具有校本特色的核心素养指标研究流程和范式,最大化地发挥评价机制在培养学生核心素养中的作用。

基于核心素养背景下的"器质"教育实践探索

一、"器质"教育的提出背景

1. 基于中职学生核心素养的培育

2014年,教育部印发《关于全面深化课程改革落实立德树人根本任务的意见》,首次提出"核心素养体系"概念。2016年,教育部委托北京师范大学组织国内高校近百位专家成立课题组,历时三年完成《中国学生发展核心素养》总体框架,它为教育的发展指明了方向。浙江省教育厅以"品德优良、人文扎实、技能精湛、身心健康"四个方面确定中职学生核心素养的基本内涵,为中职学生核心素养培育奠定了基础。《中国学生发展核心素养》总体框架、浙江省教育厅确定的中职学生核心素养基本内涵明确了"立什么德?树什么人?"的根本问题。新时代的今天,培养新一代德智体美劳全面发展的社会主义建设者和接班人已经形成共识。但"怎样立德、怎样树人"还需各个学校探索与实践。

2. 基于教育六大攻关任务的落实

在2019年全国教育大会上,习近平总书记强调,当前教育要从六个方面进行攻关:一要在坚定理想信念上下功夫;二要在厚植爱国主义情怀上下功夫;三要在加强品德修养上下功夫;四要在增长知识见识上下功夫;五要在培养奋斗精神上下功夫;六要在增强综合素质上下功夫。我们提出"器质"教育目标是培养具有忠家爱国的价值情怀,修身健体的生活习惯,勤劳精技的从业态度,向上向善的人生追求。完全与当前教育六个攻关任务相契合。

3. 基于儒学校园文化的深入与塑造

衢州素有"南孔圣地"之称,在2011年国家改革发展校建设期间,衢州中专整体设计了儒学校园,将孔子雕像建在校园中心位置,并将中华民族价值体系的核心因素仁、义、礼、智、信融入校园整体布局当中；沿"中轴线"向校园的东北、东南、西南、西北四角延伸开去，分别是"行健""崇技""尚艺""博雅"四个区域。孔子雕像的东侧坐落着"大器创业中心"，西侧为"大器商贸中心"，正面就是大成楼，喻义学子成器、成才。2016年，学校创造性地提出了"办品质学校，育器质学子"的"器质"教育思想，开展了一系列有关"善用器、创造器、成大器"的探索与实践。

4. 基于中职学生培养质量的提升与发展

现在的学生大多数缺乏可持续发展能力，给中职教育带来很大的困扰，因此，"器质"教育中的"善用器、创造器、成大器"，无论是从国家、社会层面，还是个人方面，都是积极探索核心素养背景下适合学生终身发展和社会发展需要的必备品格和关键能力，是新时代职业教育高质量发展的重要目标。

二、"器质"教育概念及其内涵

1. "器质"教育概念

"器质"教育中的"器"古时指贵重的器物，原意是铸造越大个头的铸件（如鼎、钟），所需要冷却凝固时间足够长，铸件方能"成器"。因此，"器质"教育目标是指通过教育培养将来能担当大事的人。

2. "器质"教育内涵

教育的本原，就是让我们的学生学会处理好三个关系：人与自然的关系，人与社会的关系，人与工具的关系。新时代的今天，通过教育，学生有坚定的理想信念，有浓厚的爱国主义情怀，有良好品德修养，有丰富的知识见识，有勇于奋斗的精神状态，有乐观向上的人生态度，引导学生培养综合能力。

因此，基于职业教育办学定位，学校"器质"教育内涵主要包括以下四个方面：

一是坚持以立德树人为根本，强化忠家爱国，锤炼道德情操，培养高尚的价值情怀。

二是以身心健康为基础，修身健体，培育健康心理，养成良好的生活习惯。

三是以工匠精神为核心，强化专业技能，加强社会实践，历练敢于担当，引导学生树立高远志向，不懈奋斗的精神，培植勤劳精技的从业态度。

四是以持续发展为目标，注重全面发展，加强生涯规划，树立向上向善的人生追求。

三、"器质"教育实践研究与探索的思路建构

在"器质"教育的实践研究过程中,根据中职学生的生理、心理特点和认知规律,开展了一系列关于"器质"教育建设的探索与实践。以"善用器、创造器、成大器"为核心,学校成立了全国首个学生素养中心,提炼出中职学生核心素养的内涵,形成"双全两自"育人模式,实施教育质量提升行动计划,推进教学诊断与改进工作,通过大胆的探索与实践,课堂"活"了,学生"笑"了,家长"满意"了。

1. 提炼基于核心素养的"器质"教育内容

2003年,世界经济合作与发展组织首次提出"核心素养"一词,2016年教育部《中国学生发展核心素养总体框架》(以下简称《框架》)发布,同年,衢州中专开始自己的特色实践:总结提炼了"符合中等职业教育特色、具有衢州地域特征、体现衢州中专特质"的学生四大核心素养,即忠家爱国的价值情怀、勤劳精技的从业态度、修身健体的生活习惯、向上向善的人生追求(图1)。

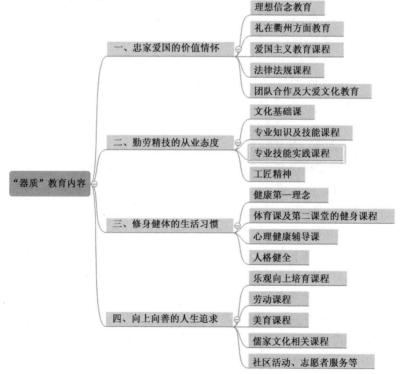

图1 "器质"教育内容

这与衢州中专的校训和校风是血脉相通的，金庸先生根据我校育人特色提出的"勤而立信，忠以成器"，强调的就是中职生要勤奋、自信，要忠诚、诚信，要大气、成器。经过多年的探索总结，笔者将学校的校风凝练为"勤学勤思立常志，向上向善成大器"，意在勉励广大师生以勤补拙、学思结合，求真向善、忠诚自信，立下君子之志，铸就大器之才。

2. 建设基于核心素养的"器质"教育主阵地

建设学生素养发展中心，创新"器质"教育主阵地。坚持学生第一的理念，打造集"学习、体验、感悟、养成、展示"于一体，含"三个功能区、七个分中心"，面积达5 000余平方米的学生素养发展中心，将素养课程与活动资源整合到学生素养发展中心，使之成为学生发展的新的培育阵地，成为学生向往的成长乐园，成为校园文化创新的主阵地。一是挖掘"三区"功能，即改革发展教育区、榜样示范教育区、特色文化展示区。开展校史馆讲解，组建时政社团活动，培养学生国家认同和责任担当，肩负起国家和社会改革发展重任。举办优秀校友、身边最美事迹展示活动，引导学生做好职业生涯规划，积极发挥榜样示范作用，传递身边正能量。开展特色文化展示，如儒学经典文化、科技创新文化、"工匠"精品文化等，增厚学生人文底蕴。二是实施"七中心"运作。开展学生自我管理与服务、学生社团活动、工匠精神体验、身心健康促进、学生美育养成、生命安全与法制教育和运动管理与应急救护等七个中心常态运作，使每个中心对应学生特定素养发展，实现全员、全时空、全方位打造，不断创新"器质"教育主阵地。

3. 践行"器质"教育"双全两自"育人模式

2016年，学校提出"以全纳教育为理念、以全面素质为目标，以自我管理为途径、以自主发展为愿景"的"双全两自"育人模式。一方面，"尊重、包容、赞美、转化"的全纳教育理念促进学生德智体美全面素质发展。"一委三会"（团委、学生会、宿管会、社团联合会）的自我管理机制促进学生"全面而有个性"的自主发展；另一方面，通过全面素质目标指导全纳教育实践，自主发展愿景激活学生自我管理机制。

4. 实施以作品为导向的可视化评价

构建以工具使用、作品创作为导向的评价体系。每个学生通过一定时期的学习或者跨界学习，拿出自己的"作品"即可获得对应的"器质"教育学分，让学生充分体验成功的快乐。"作品"包含多个方面，可以是一个制作、一篇习作、一次活动、一次展演、一组数据、一本证书、一个表单等。对照衢州中专学生毕业条件，获取的学分满足要求即可毕业。

通过具体的活动、实践来反映能力和品格。选择一批具体的、显性的事件来评价学生，构成学校"器质"教育评价指标体系。

指标分为品德发展水平、文化发展水平、技能发展水平、身心发展水平四个方面，分别对应忠家爱国的价值情怀、修身健体的生活习惯、勤学精技的从业态度、向上向善的人生追求（图2）。

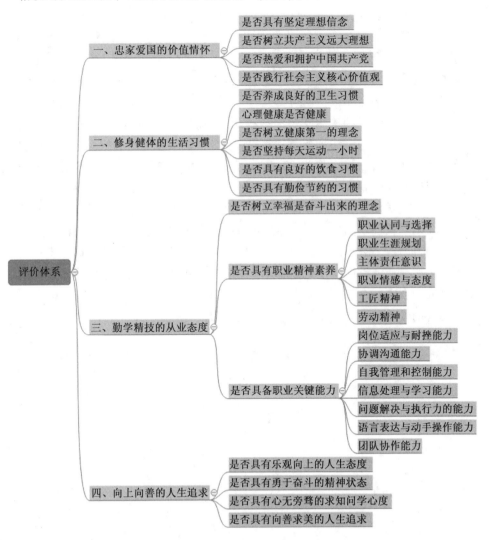

图2 评价体系

四、"器质"教育的探索成效

遵循德育工作规律和学生身心成长规律，2018年，学校通过举办工匠礼、成人礼、毕业礼等特色礼节，推进"中专红·蓝"德育，成为全省德育特色阵地，三年的实践取得极大效果。

第一是学生层面。自主养成"红蓝"志愿者，每年积极参与社区志愿活动、大型会议等公益活动千余小时，已被广大群众所熟悉，赢得了良好的社会口碑。一是在全国"最美中职生"评选活动中，学校连续三年榜上有名。走出了全国"最美中职生"标兵1人，全国"最美中职生"3人，全国"向上向善"好青年1人。二是在全国职业院校技能大赛中捷报频传，衢州中专学子摘金夺银；创新创业教育硕果累累，催生出多个全国特等奖、省一等奖，师生专利达100余项；浙江省中职学校"面向人人"学生技能大赛获奖率达95%。生源质量逐年提高，50%的新生超普高线。毕业生初次就业率为98.6%，稳定率为92.5%，满意度达99.5%。学校知名度和美誉度迅速提升，得到社会广泛赞誉。

第二是学校层面。教育部官网以"积极探索培育学生核心素养"为题，详细介绍了我校学生核心素养培育创新实践的有效做法；《浙江教育报》以"一场指向核心素养的学校变革"为题，全面介绍了学校教学改革；校长余雨生多次在浙江省中职学生素养培育推进会上介绍"器质"教育。这种模式已成为省内外众多职业院校学习借鉴的样本，先后有河北承德、广东中山等省内外100余所职业院校来校考察学习。

"器质"教育路径分析
——以护理专业为例探讨中职学生核心素养培养路径

衢州中等专业学校在办学过程中开展了一系列关于"器"文化建设的探索与实践。以"善用器、创造器、成大器"为核心,提炼出中职学生四大核心素养。关于"学生发展核心素养",每个职业学校都会有自己的解释和表述,在中职学生培养中,应把中职学生发展核心素养加入各个专业和实践教学环节中,在学生开展理论专业知识学习与实践技能操作的同时,潜移默化地、有目的地培育学生的核心素养。本文以我校中职护理专业培养为例,通过"职业规划"引领学生的事业梦想,教育学生以培植专业价值为职责使命,不断提高学生的职业水平,积极培养学生在未来职业生涯中的自主发展能力,从而促进学生全面发展和终身发展。

一、核心素养的界定

(一)素养

素养,在《辞海》中的定义是:完成某项活动所必需的知识基础及能力水平,是一个人道德品质、知识水平、外表形象等方面的综合表现。

(二)核心素养

核心素养,主要是指一个人在适应全面发展和社会发展的过程中需要具备的必备品格和关键能力,是其获得全面培养、成功就业、持续发展不可或缺的基本素质。核心素养的基本内涵是:品德优良、人文扎实、技能精湛、身心健康。衢州中专学生四大核心素养是:忠家爱国的价值情怀、修身健体的生活习惯、勤劳精技的从业态度、向上向善的人生追求。追求核心素养不仅强调个体要积极主动地具备一定的方法,从而获得知识和技能;还要满足学生的基本生活和工作需要,而且更要使学生发展更加全面,从而更好地适应社会发展变化。

二、创设环境，"匠心文化"体验专业成长价值

新生从始业教育开始，我们围绕"匠人"的成长需要，量身定制个人专业成长价值，以"做最好的自己"作为育人的责任使命，让每一个学生成为有"器"质的人，享受成长、促进成长。引导学生在学习和生活中，逐渐认可自己的专业，并逐步养成护理专业核心素养。

（一）形成模范生和优等生榜样意识

绝大部分中职学生是因为中考失利，父母不愿其过早进入社会，才来到中职学校。在新生始业教育时，我们充分利用家长会、班会、微信群、单独交流、专业介绍等形式与新生展开交流。在新的学期里，通过主题班会、一对一交流等多种方法，逐步让学生有了模范生和优等生的榜样意识，弘扬"技能改变命运"的理念要求。

（二）环境推动，培植学生成长意识

根据中职生成长和职业规划的需要，主题班会紧紧围绕"工匠精神，精湛技能"的主题，借助后墙黑板的宣传，精心设计，营造弘扬工匠精神、尊重工匠价值的文化氛围，把班级建成一个积极向上的团体。

（三）通过在团活动，拓展学生展示舞台

依托学校共青团、学生会，培养学生的团队意识和社会交往能力。加强各类学生社团和兴趣小组的建设，开展形式多样、新颖活泼的社团活动。班级先后成立了"中西餐摆台、铺床、导游讲解技能之星"等社团活动小组。

三、专业引领，"生涯规划"起航学生的职业梦想

（一）加强生涯规划教育，提高学生的职业认知

职业规划能力，是学生自主发展能力的重点培养项目，而职业规划更是培养学生自主发展能力的必备项目。教师在平时的上课过程中，注重培养学生的职业规划能力，培育学生的自我规划和择业能力。我校护理专业先后与衢州巨化医院、柯城区人民医院合作，在新生始业教育时做了系统全面的专业介绍，让学生逐步完善自己的职业生涯规划设计。

（二）培植匠心文化，营造工匠精神，筑实学生的技能储备

接轨社会需求，培养社会需要的职业人才。及时根据职业的需求变化，让学生学会过硬的职业技能。在日常教学中，为促进学生技能素养的提升，

我们实行了一系列的举措。在技能操作练习中，实行小组长负责制，让优秀的学生帮助学习较困难的学生，选出拔尖生，参加学生技能比赛中的个人赛，给学生提供展示的平台，让学生在赛事中展开交流，得到提高。利用中午、课间、周三班级活动课，开展丰富多彩的技能展示活动，以提升个人的技能素养。

（三）请进来，走出去，多种形式提升学生职业素养

1. 参与讲座活动

我校先后组织安排学生参加护理专家、行业领导者的讲座，这些讲座为护理专业的学生呈现了精彩的职业生活，引导学生乐学善思，传承匠心文化。也让大家明白了护理职业的技能需求和面临的挑战，激励学生更加认真地投入文化学习和技能学习，形成"崇尚一技之长、不唯学历凭能力"的良好氛围。

2. 见习实习

每个学期末，我们都会带领学生走进医院进行一个星期的见习活动，从而使学生更加明确自己的职业理念。

四、搭建多元化评价系统，促使护理专业学生全面发展

高度重视中职学生核心素养的培育与评价，形成多维度、综合性的中职学生核心素养评价体系是浙江省关于加强中职学生核心素养，以培养"全面发展和终身发展"根本目标的根本体现。不再用分数的高低来评价学生，而是用"做最好的自己"来全面评价学生。不再要求每个人都达到同一标准，而是让每个学生尽自己最大的努力来发挥自己的长处和潜能，实现自己的专业成长。由此，笔者有了如下几点思考。

（一）综合评价

在教学过程中，我们发现每个学生不仅渴望不断进步，而且内心深处渴望自己是优秀、向上的。因此，教师评价一个学生是否优秀，不应该只看分数，而应该看到每个学生的其他闪光点。

（二）展示平台

每个学生擅长的地方，也有很大的不同，我们应尽可能提供各种各样的活动舞台，吸引并鼓励学生走入舞台中央，展示自己的特长。提供适合中职学生的活动平台，让学生拥有展示自己的机会，是我们中职教育必须重视的。

(三) 培养模式

对中职学生来说，成才和成功，就不应该是一个相同的模式，而是一个促进学生八仙过海、各显神通的模式。

最后，笔者认为核心素养是一个循序渐进的过程。教育不仅是让学生学到理论知识，还应培育他们拥有一种关键能力和必备品格。护理专业学生核心素养培育的成果，是他们在就业以后能够在新环境中，具备处理解决问题的能力；能够在新时代中体现创新创业的"双创"精神，是学生终身为之受用的必备品格。

基于中职生核心素养的"器质"教育理念应用

2014年3月,教育部印发《关于全面深化课程改革落实立德树人根本任务的意见》;2016年9月,教育部颁布《中国学生发展核心素养》。文件首次提出了"核心素养体系"的概念,发展学生核心素养既是落实立德树人根本任务的一项重要举措,也是适应世界教育改革发展趋势、提升我国教育国际竞争力的迫切需要。

一、核心素养的理念发展

核心素养课题组历时三年集中攻关,最终形成研究成果,确立了中国学生发展核心素养以培养"全面发展的人"为核心,分为文化基础、自主发展、社会参与三个方面。每个方面又有两大素养,综合为人文底蕴、科学精神、学会学习、健康生活、责任担当、实践创新等六大素养,每个素养又具体细化为三个基本要点。

浙江省《关于加强培育中职学生核心素养的指导意见》将中职学生的核心素养定义为16个字,即品德优良、人文扎实、技能精湛、身心健康,构成了一个走向职场的中职学生立足于社会的最重要素养,具有鲜明的职教特色。

我校深入学习贯彻党的十九大精神,准确把握核心素养的内涵和定位。在培育中职学生核心素养这项工作中,结合金庸先生根据我校育人特色所提的"勤而立信,忠以成器"的校训,提炼出具有本校特色的"器质"教育文化理念。

二、"器质"教育文化内涵

器指器具、用具、器官、人才等意思,我校结合器的意思和核心素养的指向性要求，提炼出"器质"教育的三大内涵：善用器、创造器、成大器。

（一）善用器，夯实文化基础

器有器具、用具的意思。这个器具、用具既包括有形的工具，如机床、画笔、仪器等，也包括无形的用具，如搜索引擎、手机 App 等。作为中职类的学校，其主要任务是帮助学生掌握所学专业的知识技术技能，定位是在义务教育的基础上培养大量技能型人才与高素质劳动者。这也就需要学生通过学习，善于运用器具、工具，熟练掌握所学专业的知识。若只重知识传授，轻做人引导，必然要造成受教育者的畸形发展，所以我们不但要学生善于运用器具、用具，更应要求学生具有相应的人文底蕴和科学素养。学习、理解、运用人文及科学领域知识和技能，形成基本能力、情感态度、价值取向、价值标准、思维方式和行为表现。

（二）创造器，实现自主发展

唯有创造才是快乐。只有创造的生灵才是生灵。若仅仅是利用手中的工具重复性地完成规定的作品，毫无疑问，我们就像是一台机器。没有创造力，就没有进步。因此，在善用器之后，我们更要发掘自身潜能，去创造器，在创造器的过程中学会学习、健康生活，最终实现自主发展，成就出彩人生。根据学校的学情特点，"创造器"指学生通过在校的学习，能有属于自己的作品，并且通过创造自己的作品能学会选择适合自己的学习方式方法。能评估调控学习进程，能形成自己的学习意识。在学校职业教育和文化的熏陶下，能有个性发展、创新发展，真正做到人人出彩、各领风骚。

（三）成大器，注重社会参与

器有人才之意。"成大器"是指学生成为具有一技之长、具备持续发展能力、对经济和社会发展有用的人才。这一基本内涵的实现过程中，需要学生有责任担当和实践能力。责任担当是实现人生价值的最高心理境界，也是一个人能够为社会服务的深层次动力。高度的责任感可以使学生对社会的关注和观察更加敏锐，自觉地将社会需求和自身所学专业结合起来。实践是人才发挥作用的关键因素，要想成大器还需注重社会参与，用实践来出真理。

三、以器文化育中专人

（一）勤劳精技，做勤奋人

"业精于勤荒于嬉"，在衢州中专我们倡导勤学善思，"匠心"品质。精技","精"即精通、精湛之意,"技"指技艺、技术、技能。"精技"就是要求学生重视走专业化发展之路,精究技艺、精通技术、精锻技能,达到善用器的水平。精技是靠学生自己的勤奋刻苦取得的,只有勤于自己的学业,才能把知识学好,掌握相应的专业技能,达到精技的水准。

（二）别具匠心，做创新人

创新是推动民族进步和社会发展的不竭动力,一个民族要想走在时代前列,就一刻也不能没有创新思维,一刻也不能停止各种创新。在培育学生职业技能之时,我们以创造器的校园文化熏陶学生,为学生提供创新的机会。如设置了三创证,鼓励学生自己去创造小发明、设计专利、设计创业书等。

（三）向上向善，做成器人

拥有向上向善的人生追求,不但可以促进自己成器,也是一个民族生生不息的强大动力。向上意味着朝上、进取。希望我们中专人能积极进取,不畏艰难,勇攀高峰。向善是指助人为乐,愿意做对他人有益的事。在中专,我们以向上向善的校园文化培育学生,希望学生做对社会有益的"成器人"。

四、结束语

器文化是将教育部的核心素养和省厅的要求落实、落细的具体的、适合中专人的校本文化。在器文化的影响下,学生懂事了,有担当了,有追求了,找到了自己的人生方向,能自觉肩负起国家复强、民族振兴的神圣使命。

"器质"时代下的中职学生核心素养发展碎谈

2017年7月,浙江省教育厅出台《关于加强培育中职学生核心素养的指导意见》,提出"培育优良品德、打造精湛技能、促进身心健康"的育人目标。核心素养是对"培养什么人"的追问,核心素养的本质内涵是什么?核心素养究竟要解决什么问题?省教育科学研究院副院长程江平认为,核心素养的提出,源自对当下中职教育质量的"不满"。一方面,中职生缺乏必备品质,如个人素养、社会关爱、家国情怀等;另一方面,中职生缺乏关键能力,工业4.0时代,经济社会变革加剧,社会发展所需的岗位技能不断更新,如果人们没有不可替代的关键能力,很容易被社会淘汰。在程江平看来,核心素养的提出,更深层次的意义是探讨我们今天到底要培养什么样的人,什么样的人才能够适应21世纪的社会。而衢州中专余雨生校长的解释是,"核心素养是中职生适应全面发展和社会发展需要的必备品格和关键能力,是其获得全面培养、成功就业、持续发展不可或缺的基本素养,关系到中职教育'立什么德、树什么人'的根本问题,是中职学校办学方向的关键所在,只有回答好了这一问题,核心素养才能真正落地"。余校长在这样的背景下,挖掘学校丰富的文化内涵,提炼总结出了非常有代表性的"器"文化。

首先,善用器。中职学生在旧的传统概念中,是不爱读书、不会读书的孩子,进入中职,中职学校的老师也只需要看住学生就行。但是随着中职学校学生整体素质的提升、专业技能的提高,对中职学校的硬件设施、设备,以及学校师资力量都提出了很高的要求,学生必须熟练掌握专业工具,同时也必须及时了解专业发展方向,进行自己的个人职业规划。而老师也必须努力提高自己的专业技能,才能与时俱进,更好地服务学生。

其次,创造器。经过一段时间的学习,学生要利用自己的专业技能,完成自己的作品，提高学习效率。带有目的性地学习，使学生的学习具有更明确的目标，可视化的学习效果可以帮助学生树立自信心和积极正面人生挑战的态度。学校通过各种途径努力为学生发展创造提供强大支撑，大"器"创业中心为学生以后走上工作岗位提供助力。

最后，成大器。在全体中专人的共同努力下，衢州中专取得了辉煌的成就，国际合作班的优秀学子大多获得了非常好的就业机会，获得了高薪工作岗位。而中职学生的高考升学率也在全省名列前茅。普通就业生的薪资待遇也非常优越。与此同时，衢州中专获得了多项国家级、省级、市级荣誉，中专的老师、学生也收获了满满的荣誉。

在衢州中专"器"文化的引领下，衢州中专不仅注重提升学生专业技能，同时也加快德育、美育建设的步伐，促进学生综合素质的提升。职业教育是现代国民教育体系的重要组成部分，在实施科技兴国战略和人才强国战略中具有重要地位。随着经济的快速发展，社会对劳动者的要求越来越高，也对担负着人才培养的中职提出了更高的期待，中职学校必须与时俱进，不断进行教育教学创新与改革。目前我国人力资源整体水平与发达国家和新兴工业化国家相比存在差距，劳动者整体职业素养不能适应产业高度化发展和劳动生产率的提升，城乡、地区间劳动力职业素养水平的不均衡性十分突出。这就要求中职毕业生必须成为具备高素质的技术性人才，而学生的核心素养直接影响新一代劳动者的基本素质。所以，在培养学生核心素养成为主流的现状下，在"器"文化的引领下，衢州中专必将越来越好。

典型案例篇

善用校园电视台推进"器质"教育

衢州中专电视台坚持"学校搭台，老师引导，学生唱戏"的筹办思路，结合学校专业建设特色，着眼于提升学生综合职业素养，拓宽学生的视野和强化创新精神，切实提升学生的职业竞争力。多年来，衢州中专校园电视台自办了《校园新闻》《专业达人秀》《阳光男孩女孩》等一系列精品栏目，深受师生喜爱。

为让学生成为"勤学勤思立常志，向上向善成大器"的大器之才，深化对"器质"教育的认识，推进"器质"教育实践，我校校园电视台举办了首届校园电视台主持人大赛。通过该活动选拔优秀的校园电视主持人，展现中专学子自信、阳光、富有活力的青春风采，培养发掘学生的口头表达能力，锻炼学生的交际反应能力，提升学生核心素养，丰富校园文化生活，营造良好的校园文化氛围，扩大我校校园电视台的感召力和影响力。

一、以校园电视台推动校园活动进程

衢州中专电视台主持人大赛，以为校园电视台选拔和培养具有潜力和良好综合素质的优秀电视主持人为主旨，力求在丰富校园生活，营造良好校园文化氛围的同时，展现中专学子健康活泼、阳光向上的精神风貌。

本次活动为期一个月，通过三轮比赛（海选、复赛、决赛）层层筛选优秀主持人。赛前，我们不仅制作了宣传海报张贴在宣传栏，更利用校园电视台这一平台优势，制作动员视频在校园新闻节目中播出，吸引关注，号召学生踊跃报名。

2017年5月，我校86名学生在我校大成楼二楼"学霸大讲坛"参加衢州中专电视台电视主持人大赛海选。海选赛的形式别具一格，由100位大众评委组成的百人评委团背对选手，闻"声"打分，堪比"好声音"。每位选手有1分钟的时间，尽情展示自己的声音特点。校园电视台全程录制，为每一位参赛选手留下珍贵影像。

复赛的地点设在了校园电视台虚拟演播厅，参赛选手自创栏目，现场主持，面向全校直播。这样真实刺激的实践演练，一方面可以考验选手的现场应变能力，丰富实战经验，另一方面能帮助校园电视台全方位、多角度筛选出出类拔萃的主持新星。

决赛前，衢州中专团委官方微信公众号"qzzztw"发起了"我最喜爱的电视主持人"投票，发动全校学生为喜爱的校园电视主持人投上自己宝贵的一票，为决赛造势。衢州中专电视台主持人大赛决赛——才艺秀在6月中旬举行。从86位选手中脱颖而出的11位选手，历经预赛、复赛，最终得以登上决赛的舞台，带着近三万观众的投票支持，迎来精彩的巅峰对决，争夺金话筒。最终的胜出者则成功签约衢州中专校园电视台，成为真正的校园电视主持人，在校园电视节目中与大家见面。本次活动校园电视台全程参与，在宣传、记录、跟踪报道、保存等方面充分发挥优势和作用。

二、利用校园活动促进校园电视台发展

主持人大赛锻炼了学生的胆量与口才，使学生得以历练，收获自信心，提升了学生的核心素养，同时也成为衢州中专电视台的金名片。

衢州中专电视台主持人大赛活动的打响，有利于增强校园电视台在校园中的知名度和影响力，宣传校园电视台积极的精神风貌。它为我校爱好播音主持及有才艺的学生搭建了一个展现自我风采的舞台，丰富了学生的课余文化生活，为我校校园电视台选拔出优秀的主持人才。

通过拍摄、录像、收音、剪辑、制作……主持人大赛相关视频得以在校园内展播，上传至校园网，让广大师生甚至家长对学校的活动有更直观、实时、准确而又细致的了解。家长可以了解孩子在学校的动态，学生则可以回味自己参与活动时的无限乐趣。而全程参与完成这些剪辑拍摄工作的校园电视台学生们也得到了充分的锻炼。在这次大赛活动中，前期宣传视频制作、海选全程录制、复赛虚拟演播厅直播操作、决赛多机位拍摄、后期剪辑制作等一系列工程都有学生参与其中。亲身参与，亲自体验如此系统的大型活动，大大提升了学生从拍摄到影视后期制作的实践能力，从体验中引发思考，从思考中获得经验，促进他们的专业发展，对于校园电视台团队而言也是一次难能可贵的经历。

三、校园电视台与校园文化活动相结合

衢州中专电视台主持人大赛,首次将校园电视台与校园文化活动如此紧密地结合,校园电视台为该项活动提供了展示平台,起到了宣传活动、助推活动、记录活动的作用。同时,校园活动又为校园电视台扩大了影响力和知名度,推动校园电视台进一步发展,丰富其节目内涵。

校园活动不再因为场地限制而让大部分师生不能亲临现场观看。校园活动的录制与制作,激发了学生参与影视创作的兴趣。校园电视台,作为学校师生技能才艺展示的窗口,为学生进行影视创作提供了重要平台,成为校园文化中重要的一部分。校园电视台与校园文化活动相互交流,共同促进。

随着信息化在校园内的全面普及,校园电视台在学校不仅仅用来辅助教育教学工作,它正成为校园文化建设不可或缺的一部分。它是宣传阵地,为学校的宣传工作发挥着重大作用;它渗透德育,影响着学生的行为习惯;它促进校园文化建设,展示着校园文化的多姿多彩;它为学生发挥专业特长更是发挥了不容置疑的作用。在学生核心素养的培育发展方面起到了积极作用。如何更好地利用校园电视台活动,深化我校"器质"教育的丰富内涵,还需要校园电视工作者不断地摸索与实践。

工业设计有成绩　精雕细琢始成器
——首届全国"最美中职生标兵"
　　毕家盛成"器"之路

  毕家盛，衢州中专2013数控（3）班学生。他曾获2015年度全国"最美中职生标兵"，是当年唯一入选的中职生代表，还获2016年"全国向上向善好青年"称号；他曾在浙江省中等职业学校学生技能大赛计算机辅助设计（工业产品CAD）项目中获一等奖，全国中等职业学校学生技能大赛计算机辅助设计（工业产品CAD）项目中获二等奖；他参与设计与制作的"推流曝气式水污染治理装置""美术考试水粉画烘干机""教室清洁工具架"等一系列作品获得国家实用新型专利，其中"教室清洁工具架"已投入生产，实现产值15万余元。毕家盛的成器除了他个人努力外，也是"器质"教育的成果。

一、初入中专，认识"器"

  毕家盛初入中专在数控技术专业普通就业班就读时，他对中专的所有事物都充满了好奇心。在班主任的鼓励下，他积极参加班干部竞选、学生会选拔，顺利地成为副班长和学部学生会干事；在学校安排的职业体验中，他对数车、数铣、普车、钳工等企业工种都产生了一定的学习兴趣，他最终还是选择挑战有点难度的数控方向。

  在首学期的专业介绍中，他听专业课教师说专业学得好，可以选拔到学校竞赛社团，代表学校参加各级比赛，拿了大奖还可以获得升学的机会。会后他马上找到班主任咨询，班主任告诉他参加技能竞赛既可以丰富拓展专业知识，又可以结交到志同道合的朋友，甚至还可能和学长一样拿大奖。班主任的一席话让他更加坚定了参加竞赛社团的决心。他积极参加钳工、普车、CAD等各种竞赛社团选拔，结果一次一次失利，最后只以后备身份进入工业产品设计工作室。

二、找准方向，善用器

工作室化培养模式是衢州中专的一个特色，一部分专业成绩突出的同学会被选入名师工作室或专业特色工作室，在老师的精心指导下，对专业的某一个方向或领域进行深入学习。毕家盛进入工业产品设计工作室后，从20多人中艰难突围，成为最终五名正式成员之一。在两个多月的选拔淘汰过程中，他很多次想要放弃，但班主任的一句"要坚定自己的选择，相信自己一定行"让他一直拼命努力，比别人多付出几倍的精力。中午午休时间、下午课外活动时间都成了他练习的时间，放假在家经常研习到凌晨一两点钟。这段奋斗的经历为他后来取得种种荣誉打下了坚实的基础。就是因为有这份比别人更能刻苦钻研的劲头，他的专业成绩一直名列前茅，很快成长为工作室中的佼佼者，多次参加技能竞赛而频频获奖，最终拿到了全国二等奖。

三、开拓创新，创造器

"又到了一年一度的衢州中专创业创新大赛了，一等奖的作品还可以参加省市比赛，同学们可以拓展思路，踊跃参加。"班主任在教室里说道。事后班主任又建议毕家盛利用专业特长设计点小发明。30多个日夜，对8套方案反复修改，毕家盛设计的多功能应急水杯图纸诞生了，经过评选最终获得了校一等奖。创新的小成果激发了他的自信心，后来他又设计了"推流曝气式水污染治理装置""美术考试水粉画烘干机""教室清洁工具架"等一系列作品，并获得国家实用新型专利。

四、梦想成真，成大器

在他取得各项荣誉的时候，也成了学校的红人。但这时候老师并没有去表扬他，而是点出其当前的不足，并给他指明了继续努力的方向。作为学生会卫生部部长，他工作积极主动、严于律己，且拥有很强的服务意识，只要有志愿服务活动，总能看到他的身影；他担任老师的助手，成为新生辅导员，利用课余时间给学弟们介绍专业学习方法和他的成长经历，掀起一片学习专业知识的热潮；他积极锻炼身体，每天跑步5千米，调整心态强健体魄；他开始学习美术，经老师推荐每天到工艺美术班去旁听，为设计之路提升空间。

毕家盛初入衢州中专时，就说过，他心中一直有个大学梦，虽然中考失利，但他没有放弃，找准自己努力的方向。2016年7月，他顺利拿到了浙江机电职业技术学院的录取通知书，实现了曾经的梦想。他没有辜负衢州中专给他的这个大舞台，在这个舞台上绽放出中职生勤劳奋斗的美丽光芒。

毕业后，他被一家企业相中，现已成为企业的技术骨干，在自己的岗位上取得了骄人的成就。

创造"器"教育模式的构建与实践

一、问题及起因

浙江省教育厅十分重视创新型人才的培养,在省厅统一部署下各地中职学校将创业创新课程引入课表,举办全省性的学生创业创新大赛,全面推进中职学校创业创新实验室建设等举措,近几年来浙江省在创新型人才培育方面走在了全国的前列。

1. 职业教育的类型属性,呼唤具有职业教育特征的教学方法

当前各地职业学校的专业课教学和创业创新教育之间明显存在"两张皮"和"各说各话"的现象;专业课只重视专业理论和单一的、重复的技能训练;创新创业课则是单纯地强调创新创业技巧,完全不涉及学生所学的专业。表面上看是教学内容与实际需求脱节、创新能力培养方法缺失的问题,但本质上是创新能力的培养没有融入专业教学课程、创新型人才培育模式老旧不能适应经济和产业发展等方面的问题。

《国家职业教育改革实施方案》(以下简称《职教20条》)第四条提出:要完善高层次人才培养体系。如何通过探索创新型人才的培育,完善人才培养体系,抓住"创新型人才培养"的牛鼻子,倒逼职业学校专业建设、课程改革和人才培养体系建设,培养更多的高层次创新型人才,为浙江省乃至全国提供一批持续有效、可复制的、可推广的成功案例,成为包括衢州中专在内的众多学校改革和创新的热点。

2. 职业教育的类型属性,呼唤具有职业特征的创新能力培养方法

职业教育是一种实践型的教育类型,创新能力的培养注定是多维度的,需要整合各种资源和要素,不仅需要创新理论的学习,更需要动手实践。当前各地职业学校创新型人才培育明显存在"只说不练""只模拟不真做""创新教育方式方法单一,针对性、实效性不强;与专业教育结合不紧,与

实践脱节"等问题，国务院《关于推动创新创业高质量发展打造"双创"升级版的意见》（国发〔2018〕32号）中要求进一步加强创新型人才的培养，开展在培养方式方法上的创新和探索，加强服务平台、实践平台、孵化基地等培育建设和加大政策支持力度。

《职教20条》第九条明确提出：要坚持知行合一、工学结合的原则，及时将新技术、新工艺、新规范纳入教学标准和教学内容，强化实践平台建设，加强学生创新能力的培养。时代呼唤具有创新思维的新型人才，如何让学生通过"做中学、做中创"成长，成为衢州中专学校领导和教师团队的重要课题。

3. 职业教育的类型属性，呼唤具有职业教育特征的评价方法

教育具有明显的特殊性，主要体现在培养目标和培养方式的两个方面，不同的培养目标和培养方式，需要有不同的教育教学评价体系，以往那种以知识理解与掌握为核心、以考试分数为主要依据的、普教式的教学质量评价体系，已完全不能适应以培养复合型、技术型、创新型人才为目标的职业教育体系。

《职教20条》第六条提出：要启动1+X证书制度试点工作；第八条指出：要开展学习成果的认定、积累和转换；第十七条也提出：要建立健全职业教育质量评价，有序开展学历证书和职业技能等级证书所体现的学习成果的认定、积累和转换，为技术技能人才持续成长拓宽通道。新形势下的职业教学质量评价体系是一块处女地，值得我们去探索、去研究和实践。

二、措施与做法

1. 创新平台，为做学创一体提供全链式服务

由学校师生发起、采用股份制形式、经民政部门审批注册、由市科技局业务指导、从事非营利性社会服务的创新创业型企业——衢州市大器创业服务中心，承担服务和中介的双重作用。用现代企业制度开展经营活动，依法纳税，自负盈亏；对内以现代企业制度管理和规范各个创业创新子项目或仿真实体的运作，对外通过"门市部"开展企业间合作，对接实体企业，搭建学校与企业之间的合作桥梁，让师生的创业创新成果直接服务企业，转化成经济效益。

学校与衢州市大器创业服务中心签订校企合作协议和房屋租赁等合同协议，明确两方的职责和权利。同时学校新设"实训与创业指导中心"业务主管部门，聘任中层管理干部，对内负责开展师生创业创新教育和专业

实训，对外对接衢州市大器创业服务中心，出台校内创业创新实践活动管理规范，落实开展创业创新项目与教学项目的对接、师生作品商品化、师生创新成果专利申报和转化、教学的可视化评价等工作。创造性地引入服务平台后，服务平台的便利性、专业性、服务性得到了充分的发挥，为做学创一体教学提供了有力的支撑。另一方面，依托服务中心的商业化运作，减少了学校在开展做学创一体教学活动中出现的政策风险、财务风险和经营风险；顺畅的机制也为校企合作、产教融合的可持续发展提供了良好的基础保障。

2. 项目融合，促成教学项目向创新项目的无缝过渡

学校在服务中心的协调下，首先建立了机器人开发、风动机械、朗朗艺术、财务会计服务、电子商务、工业产品设计、光伏发电、蓝调服装、数码影像、新农村信息服务、起点电脑、电子装配、PLC自动控制、梦想格、通信服务中心、产品定制中心、梦想格等面向创业创新、与专业教学相关联的16个教学工作室，工作室成员由企业导师、"服务中心"员工、专业教师、优秀学生组成，由企业导师对接社会资源和创新项目资源，由专业教师根据教学计划统筹教学项目进度等安排，各方共同协商确定有市场、有前景、有技术含量的教学项目。通过专业教学工作室的运作，形成"依靠专业技能激发创新思维、利用创新成果确立教学项目、通过理实教学形成创业作品"的新模式，例如：新式卫生工具架，就是学生通过"企业出题、教师析题、学生解题→利用专业知识设计作品→作品分解成众多的教学项目→课堂实训完成作品制作→作品商品化成为创业项目推向市场→市场反馈开启新的教学项目"的做学创一体的教学范式，"学创结合、理实一体、专利申报、成果应用"的模式有效地促进了专业建设的开展和办学质量的提升。

通过做学创一体的教学项目，学生在"做中学、学中做、做中创、创中学"中成长，学习专业技术技能的同时，又生产出有用的作品，同时通过对作品、工具或流程的改进，获得包括技术专利在内的教学成果，充分调动了学生的创新积极性，达到在专业教学中全面培育学生创新能力的教学目的。

3. 作品入市，彰显学生的创作价值、激发学生的学习热情

做学创一体的基础是"做"，即必须以真实的产品生产为前提，在这样的基础和氛围中进行专业实践教学，学生才能学到真本领，教师才能教出真水平；让学生作业成为作品，让精致的作品商品化，双品合一，为"做

中学、学中做、做中创、创中学"的教学活动，提供可持续发展的进出口通道。通过大器创业服务中心，学校将分散到学校各个教学项目的作品进行适当包装后，统一展示、统一销售；对内通过梦想格（一个创业管理类教学项目）向学生销售和流通，对外借助电商途径和特定合作渠道批发销售。另外，学校还将部分优秀作品收购存入学校收藏展厅。

2019年，衢州市委书记徐文光同志在考察中职学校时提出，职业学校一定建立作品商品化基地，商品销售（含提供社会化服务）将师生作品融入社会，接受社会的评判，实训教学对接生产过程、学生作品变成社会商品，是控制办学成本、实现实训基地可持续发展的有效途径。在衢州市教育局支持下，学校还将计划投入130万元，进行场地和设备的再升级、再改造，期待为衢州市中职学校作品商品化基地做出样板和表率。

作品商品化是教学项目和创业创新项目的延伸和配套环节，作品只有商品化才能与社会、与市场接轨，作品有进有出，才能让做学创一体的教学活动具有生命力。由于学校不是标准意义上的现代企业，在商品交换的过程中存在很多政策、税收、售后等方面的问题，以及师生教学过程中生产的实训半成品、创意作品、手工艺术品还存在包装、展示等方面的问题。作品商品化表面上是提供进出口通道，实际上是为做学创一体的教学活动提供基础保障，同时也为专业建设和课程改革提供思路和方案。

4. 专利申报，创新成果专利化为推动专业发展、产业进步奠定基础

针对创新人才培养，我们认为发明专利就是知识应用的"试金石"，就是"大器"，利用第三方认证、具有创新元素的、评价科学的"国家专利"评价体系，走出了一条以专利申报为方向创新人才培育的新途径。学校通过全校教职工代表大会，在《教科研奖励实施方案》中单独添加了对师生获得国家授权专利的奖励条文，制定和实施《职务发明专利奖励办法》等措施。实践证明，以专利申报为目标的创新教育，让优秀的创新作品专利化，对提高学生的科学素质、训练科研创新思维、培养好奇心及充分激发学生的创新意识方面具有独特的重要作用，成为培养学生的创造力的一种有效载体。通过以发明专利为引信制定实施各类激励机制、结合专业在课堂中融合创新思维教育、开展创新活动等手段，让专利成为课堂教学、社会实践和服务社会的连接点，也为创新能力的培养指明了方向。通过传授知识、模拟情境，将创新融入课堂、融入教学项目后，出现了许多技术改进的创意，总结出很多创新发明专利的教学成果，然后由服务中心代理申报国家专利。截至2019年5月，学校师生已获得60多项国家专利，取得了

令人满意的成绩。

精致的作品成为商品，为技能型人才培养提供培养途径；优秀的教学成果成为专利，为创新型人才的培育提供目标方向，让杰出的师生成为比赛获奖者和行业标兵，让师生获得专利、收获成功、收获快乐，同时也推动着专业的发展和产业的进步。

5. 显性评价，推动评价体系创新最终实现学习效果的可视化

围绕《职教20条》，衢州中专从职业教育的类型属性出发，改革以"分数"为中心的教学评价标准，提出显性教学评价体系（可视化评价）标准，创新性地提出"善用器、创造器、成大器"的"器质"教育理念，最终实现"办品质学校，育器质学子"的发展目标，其核心是培育具有创新精神的、成大"器"的"器质"学子。显性评价的具体做法是：建立以工具使用、作品创作为导向的评价指标体系，通过将实物作品、获奖证书、专利证书、收获证书、销售单据、操作视频、成长经历、培育故事与培养目标的具体内涵分项对接，从知识、技能、情感、态度、价值观等方面进行可视化、显性化处理，包括作品实物、获奖证书、操作视频等作品的展示和陈列，通过记录学生的成长历程、展示学生的"器"，参照学校制定的《可视化评价手册》，提供第三方评价数据，为学校培育"器质"学子发挥了不可替代的作用。

学生"善用器、创造器、成大器"的过程就是学生连同作品获得认可的过程，可视化评价符合职业教育发展现状，符合《职教20条》第六、八、十七条文件精神，跳出"分数"评价的局限，对《职教20条》提出的"学习成果的认定、积累和转换及职业教育评价体系的建设"进行了有益的探索，积累了宝贵的经验。

三、成效与影响

衢州中专培育创新人才的成功做法和举措，得到了各级领导和同行的广泛好评和关注，学校先后被评为浙江省职工高技能人才创新工作室、浙江省中等职业教育创新实验室、浙江省中等职业教育创业实训室、衢州市科普教育特色学校、衢州市知识产权教育示范学校、衢州市社会科学普及示范基地、衢州青年创业创新基地、衢州市创业孵化实训基地、浙江省中职学生创新教育基地、衢州市中职学生创新教育基地等荣誉称号。创新人才培育的运行机制和经验被评为衢州市首届教育创新奖，创新教育模式被确认为浙江省创新教育的典型范式。

1. 师生竞赛屡获殊荣，增光添彩

2016—2019年连续四年都获得浙江省创业创新比赛一等奖，四年共获得一等奖6项，二等奖10多项的好成绩，其中，《大器牌卫生工具架定制》获得"挑战杯——彩虹人生"全国职业学校创新创效创业大赛特等奖，受到省教育厅的表彰。

2. 人才培养团队建设，成绩喜人

2016—2019年连续四年都有一名学生被评为"全国最美中职生"，他们的共同点是都曾获得过浙江省创新创业类一等奖。教学团队中产生了浙江省特级教师1名、省名师和名师工作室负责人2名、衢州市学科带头人2名、衢州市拔尖人才2名、衢州市名师10人、国家级技能大赛金牌教练1人。特别是实行做学创一体范式以来，学生精神面貌发生了明显的变化：从分数"奴隶"到展示作品的自信，从厌学逃学到创新创业，从焦虑烦恼到充满生机活力，学生真的变了。

3. 创新创业蔚然成风，引领风尚

近几年来，先后有1万多名在校学生接受了创业创新教育，大器创业服务中心先后为5 000多名学生提供创业创新的实践机会，征集到小发明、小创意作品4 000多项，创业计划书1万余份，具有自己产权的专利产品销售收入产值达30多万元。截至2019年5月，学校师生已获得60多项国家专利（包括发明专利），直接参与企业技术创新和技术改造22项；参与各类与创新创业相关课题研究20多项。学校创业创新氛围与日俱增，毕业生创新创业已蔚然成风，成为衢州一道亮丽的风景线。

4. 成为学习借鉴的榜样，示范引领

先后有近100多批来自全国各地的领导、专家、兄弟学校领导、企业家来到学校进行考察、指导和学习，受到了同行和各级领导的广泛关注，《浙江日报》《浙江教育报》、浙江在线、衢州电视台等主流媒体，近年来进行了17次专题建设经验报道和介绍，先后得到浙江省委书记、省教育厅厅长、衢州市委书记在内的领导和企业专家的高度肯定。衢州中专做学创一体的典型范式，已被衢州开化职教中心、衢州残疾人职业学校、宁波鄞州职业教育中心学校等多所省内职业学校确定借鉴样板，并与西藏山南、四川金指南、宁夏青铜峡等多所省外学校和培训机构建立帮扶结对关系，正在起着示范和引领作用。

运用"器质"教育引领中职学生成长

2017年7月,《浙江省教育厅关于加强培育中职学生核心素养的指导意见》(以下简称《意见》)出台,首个指导核心素养培育的文件诞生。在这样的时代背景下,衢州中专提炼出了衢州中专学生四大核心素养:忠家爱国的价值情怀,修身健体的生活习惯,勤劳精技的从业态度,向上向善的人生追求。即我校"器"文化内涵包括四个方面:坚持以立德树人为根本,强化忠家爱国,锤炼道德情操,培养高尚的价值情怀;以身心健康为基础,修身健体,培育健康心理,养成良好的生活习惯;以工匠精神为核心,强化专业技能,加强社会实践,培植勤劳精技的从业态度;以持续发展为目标,注重全面发展,树立向上向善的人生追求。

身心健康教育案例:【"失心"的小红】

[心灵故事]

"老师,快来学校,李红有点吓人!""怎么回事!""她目光呆滞,嘴里嘀咕着什么,谁都不理。"时值晚上八点钟,距期中考试结束一个星期。班主任接到学生的电话后迅速赶到学校。可是老师的到来并没有改变李红的状态,她已认不出老师。无奈之下,大家把她送进了医院,经过医生的诊断,她患的是抑郁症。

李红是个漂亮的女孩,在进入中专的最初阶段,她上课认真听讲,积极举手发言,可是由于基础差,她的答案经常出现错误。开学不到一个月,她整个人就因此改变。上课开始低头不语,经常因为答不上问题课后哭泣,有时还莫名地骂人。她开始疏远老师和同学,不肯和别人诉说心中的苦恼。

她变得敏感又偏激。班级有贫困补助的名额,她竟然隐瞒了家里极其贫困的情况,事后还辱骂接受贫困资助的学生,谩骂老师,在班里的影响很差。她谁都不爱理，她说，班里没有一个好学生，虽然老师与她交流多次，可是情况并没有多大的改观，她甚至怨恨老师。

她表现得要强又嫉妒。希望别人能做的事自己也要做到，想在每个方面都超越其他人。她很想在一个新的环境里把学习提上去。每天她的神经都绷得紧紧的。入学的第一次期中考试，她全力以赴备考：每天早上5点起床，晚上最后一个离开教室。她看起来太勤奋了，可是她的期中考试成绩仍然很糟糕，她开始抱怨自己没用，变得极端自卑，每天都被愁云笼罩着。她说她恨成绩比自己好的每个学生。终于，她承受不住了……

医生说，她的病来自她不良的心态。心态不转变，这种疾病会终身伴随她。一个花季少女就这样在青春的季节里给自己的心灵罩上了一层阴影。

【心海导航】

针对这种情形，笔者决定改变策略，采用关爱的方法。在她情况好转的情况下，笔者做了如下三件事：

用爱心填补她内心的孤独。笔者知道这个女孩从小就失去了母亲，母爱的缺乏是她心灵闭锁的重要原因。我决定充当"母亲"的角色。自从她入院，笔者每天都去医院，带去她喜欢吃的水果，还给她买了一套换洗的衣服。看到她的头发有点乱，笔者就给她梳理。还帮她洗衣服，督促她按时吃药，点点滴滴的关爱让笔者在她眼里看到了感激。笔者一声不响地帮助她，用最朴素的方式去关爱她，渐渐地，她的脸上出现了笑容。她终于拉着笔者的手轻轻说了声："老师，谢谢您，您能做我的妈妈吗？"笔者含着泪点了点头。在学校里，笔者又发动本班的学生给她捐款，爱心感染了很多学生和老师，最后本学部的一些师生共捐款近四千元，拿着这些钱，父女二人都哭了。爱心使她快乐起来，医生说她的病好得很快，是个奇迹。笔者希望用爱的力量唤起她生活的信心和勇气。爱心可以化解一切烦恼，爱心可以使人在迷茫和黑暗中看见曙光。爱传递的教育的力量很大。

用同龄人感化她失衡的心态。她要强的个性决定了她脆弱的心理。在她住院期间，笔者和团支书在医院的接待室里为学生们组织了一次特别的班会，班会的主题很简单：说说你的烦恼。笔者在班里选了一些平时她爱进行比较又不想接近的学生，也选了一些和她的关系比较好的学生。这些学生既有各自的优势，也有自己的烦恼，但是他们共同的特点是：有良好的心态。不管遇到什么样的困难，他们都用积极的心态去对待。班会的气氛很和谐，其他的同学分别发言，都说出了自己的烦恼，有的家境困难，有的父母离婚，有的远离父母，有的从小是寄养长大，有的学习上很吃力，有的英语极差，有的数学学不好，有的专业课跟不上……但他们都表现得乐观和坚强。轮到李红发言的时候，她就说了一句：我要学会坚强。笔者进行小结：人和人之间是有差异的，每个人都有自己的优势和不足，一个人处处想做得很好，反而适得其反。心态若改变，态度跟着改变；态度改变，习惯跟着改变；习惯改变，性格跟着改变；性格改变，人生就跟着改变。

用书信传递教育的力量。笔者知道只要她的心态改变了，她的一切状况都会好转。开完班会以后，笔者决定给她写一封信。因为面对面的谈心已经有过多次，但是教育的效果并不是都好，对她来说，也许无言的教育有着更好的效果。笔者亲笔写了一封信：题目是"培养良好的心态的途径"。信的大致内容如下：

学会调整情绪。遇到事情的时候，要学会冷静，把握好情绪。只要把握好事情的关键，每件烦心事就会处理好。遇到棘手的事情，冷静点，然后想如何才能把它做好，你越往好处想，心就越开，越往坏处想，心就越窄！多和自己竞争。没必要嫉妒别人，也没必要羡慕别人。很多人都是由于羡慕别人，而始终把自己当成旁观者，越是这样，越是会把自己掉进一个深渊。你要相信，只要你去做，你也可以的。为自己的每一次进步而开心。相信自己。不论在任何条件下，自己都不能看不起自己，你一定要相信自己。有一句话共勉："如果你喜欢自己，那么就会有更多的人喜欢你。如果你想要自己是什么样的人，只要努力，就会实现的！"

现在，她已经出院，整个人的精神状态很好。

德育案例：【执迷不悟的小飞】

小飞的问题：小飞上课迟到是常有的事情。经过老师的教育，有所改进。近段时间，小飞迟到的毛病又复发了，每个晚自习都迟到，早锻炼姗姗来迟，谁找他谈心，他的眼里都是不耐烦和不屑一顾，还光明正大和一个女孩谈起了恋爱。

性格特点：任性倔强，桀骜不驯，我行我素，目空一切

特殊的处分：

记录材料：小飞，男，于2018年3月29日下午第三节课未经请假去篮球场打篮球。经过班主任耐心教育后并无悔改，在2018年4月20日下午第三节课，又因打篮球迟到10分钟。该生认错态度较差，行为控制意识较弱，严重影响了整个班级的管理。

这是小飞第三次犯错的书面材料。在他犯错后，笔者决定给他"形式上"的处分，即在班级宣布他的处分，取消在学部范围内公布的环节。在班级宣读处分的目的是让其他同学注意遵守行为规范，引以为戒。取消在学部范围内公布主要是考虑他个人的性格特点，让他"失了面子"的处分可能达不到预期的效果。笔者让他在处分上签字，告诉他这次处分的公布范围，但是要作为个人重要的材料进行存档，希望他今后的表现有所进步。

上次"处分"之后，小飞的表现大有好转。然而一段时间后，他又犯了上述材料中的错误；笔者决定先进行沟通，然后采用上次的做法。当笔者要和他进行交流的时候，还没等说什么，他突然坚决地说："老师，我觉得我做得太过分了，为了班级，也为了你，这次给我个严厉的处分吧，我不怕丢脸。"从此以后，小飞像变了个人，再也没有迟到早退的现象发生了。

【转化反思】

"宽容+爱心"法："后进生"的转化一般要经历觉悟、转变、反复、顿悟四个阶段。因此，"后进生"在转化的过程中，其不良习惯是反复出现的，好好坏坏，反反复复，都是正常现象。而对于"后进生"的转化工作，许多班主任缺乏一定的耐心，往往刚开始充满激情，然后半途而废，"后进生"也就一直无法进步。因此，班主任一定要有耐心，遵循教育规律，"反复抓，抓反复"，因势利导，使"后进生"保持不断前进的势头。只有持之以恒，反复教育，才能巩固"后进生"所形成的良好行为习惯，从而实现班级的整体良性管理。"后进生"转化要经历"感化"，然后才能"转化"，如果已"转化"的"后进生"的良好习惯和行为得不到及时的"巩固"，这样的转化是不会持久的。巩固"后进生"取得的进步，班主任必须采取因材施教的办法来优化他们，而优化的本职源自教师的爱，一旦学生能够真正体会到老师对他们的真诚的爱，真正的转化就完成了。

学习纪律教育案例【小雯的独树一帜】

小雯的问题：小雯又开始上课睡觉，自习课捣乱，我行我素，成绩一落千丈。任课教师批评的名单上总有她的名字。笔者尝试了各种教育方法，可效果不明显，学生中也开始有人效仿她。

小雯的特性：自尊心强，喜欢比较，喜欢挑战，但是过于自我，我行我素，不把别人放在眼里。

"晋升"效应：小雯懒散，笔者决定让她做"纪律委员"以此来约束她，这也是许多班主任常用的方法。任用她做纪律委员前，笔者对她的工作进行了悉心的指导，引导她对自己的日常行为进行深刻的认识，引导她逐步意识到自己的行为给班级造成的不良影响，从而让她学会自我管理；激发她参与班级管理的热情，学会律己和利人，既要管好他人的纪律，也要管好整个班级的纪律；激励她养成积极进取的学习和生活习惯，引导她参与班级重要事务的管理。三个月下来小雯的纪律性大大加强，不仅她自己的纪律好起来，班级整体的纪律也好多了，一个学期以后，她的成绩在班里名列前茅。在她的带动下班级的风气大有好转。在第四个学期，她被班级的同学公开选举为班长。现在，在她的带动下，班级的风气日渐好转，她也成为班级同学学习的楷模。

【转化反思】

价值展示法。"后进生"一般很难体会到自己在班级中因自身价值而带来的快乐，总感觉自己是一个失败者。采用自我价值展示法，就是帮助学生创造自我价值展示的条件和机会，让他们充分发挥自己的优点和特长，切实体验成功给自己带来的喜悦和快乐，以此帮助他们走出无聊、懒散、自卑的心理阴影，产生积极进取、乐于奋斗的精神。采用此种方法，教师不能急于求成，应该遵循循序渐进的规律，抓住教育的契机，耐心引导，细心帮助，促其转化。

成大"器":他们在衢州中专实现人生逆袭

在信安湖畔,有一所这样的中职学校:全省首批中职与应用型本科一体化人才培养试点学校,与省内9所一流高职院校合办中高职一体班。毕业生升学人数和比例连续增长,2019届毕业生达1 552人,升入全日制高校就读人数1 025人,占比66%,本科上线人数达到120人(全市同类学校本科上线共218人),其中被一段线大学录取54人,18人进入浙江师范大学、浙江理工大学、浙江工商大学、宁波大学等浙江省重点建设高校,各专业位列全省前50名共28人,全省前100名共51人,单独考试全省名列前茅。其中机械1班40人25人本科上线,建筑1个班就有13人本科上线。无数曾在中考失意的学子,在这里重拾信心。

世界500强企业、本地优质企业、产业集群深入开展产教融合、校企合作,助力高素质高技能人才培养和学生职业生涯发展,取得显著成效。从2016年开始,连续四年有学生获得"全国最美中职生"荣誉称号,连续四年有学生获得浙江省中职学校职业能力大赛创新发明赛项一等奖。无数学子在毕业后,成功进入各行各业,成为技术骨干、行业先锋。

这所学校就是衢州中等专业学校。高质量的升学、高质量的就业,让无数迈入这所学校的学子,完成了人生的逆袭。

人生,需要更多选择。而衢州中等专业学校,通过提升人才培养质量,成功帮助众多学子赢得了更多选择的机会。

一、更高质量升学 他们乘风破浪,终跃龙门

2017年,衢州中等专业学校提出了"更高质量升学与更高质量就业"目标,并制订相应的行动计划,以培育中职学生核心素养为抓手,推进课程体系改革,提高人才培养质量,提高学生核心竞争力。

学校紧紧围绕"人才培养质量"这个核心，通过优化师资配置、新老教师搭班结对、调整教师办公位置等方式充分挖掘师资队伍潜力；通过组织月考、组织模拟考试、组织强化训练等方式，及时检验学生学习效果，针对检测结果调整教学策略；通过举行各类教师交流会、分享会、研讨会，共同探讨、交流教学技巧，不断提升教师的教学水平。近三年，学校涌现一个个逆袭的本科生。

程瑶：现就读浙江师范大学学前教育专业

程瑶毕业于衢州市白云学校，进入衢州中等专业学校时，中考分数是397.5分。在衢州中专，底子比较薄弱的她，在老师的教导和帮助下，通过一次次活动找到了信心、勇敢和对专业的热爱，也学到了很多为人处事的道理。

她说："或许我们都很普通，但是中专的教育教学从来不普通，老师们不会放弃任何一个学生，我在很多老师身上看到了爱心、责任心，感受到了学高为师、身正为范。"最终，她以总分529分、全省排名第十四的好成绩被浙江师范大学学前教育专业录取。

吕俊祥：现就读浙江理工大学土木工程专业

吕俊祥通过下山扶贫来到廿里镇，毕业于廿里初中，学习基础较为薄弱。他说："中专的素质教育，让我在各方面的能力都得到了提升，我在班级中担任过班长、团支书等职务；在学生会锻炼了与人沟通、服务师生的能力，并担任了学部学习部部长；参加技能竞赛，获得工程测量学生技能比赛市三等奖。更重要的是，我的学习也没落下，在老师的细心教导下，成绩稳中上升，这让我树立了很大的信心。"

最终，他高考总分543分，排名全省第五，被浙江理工大学土木工程专业录取。对此，他充满感恩："相信学校，相信老师，相信家长。学生、学校、家长，目标统一，相互信任，才有了我今天的成绩。"

方嘉敏：现就读浙江工商大学电子商务专业

方嘉敏毕业于衢州市白云学校，中考的失利让她感到过迷茫，但在随后一段忙碌的中专学习和生活中，浓厚的学习氛围让她逐渐喜欢上了专业课，也逐渐建立了自信。后来她成为专业理论课代表，同学们拼搏进取的劲头更加激发了她的学习动力。俗话说，一日之计在于晨，她几乎每天最早到班，边走边背书的身影成了校园里的一道美丽风景。功夫不负有心人，2019年，她高考取得了550分的高分，全省排名第九，以优异的成绩被浙江工商大学录取。

邓欣蓝：现就读宁波大学旅游管理专业

2016年7月，邓欣蓝毕业于航埠初中，中考失利的她以419分的成绩来到了衢州中专。本以为会在这里随随便便度过三年时光，拿一个毕业证书就去工作，毕竟这分数离普高录取线太远了。那时的她从没想过还能考上大学，更不敢想还可以考上宁波大学。

她说："在还没有到衢州中专之前，我听见许多对中专有偏见的声音，但来了之后，我发现学校并不是他们所说的那个样子。当你用心去感受时，就会发现一个不一样的衢州中专。在这里可以看到学校对学生严格而合理的管理，师生之间和谐融洽的相处，同学们在学习上相互促进，既是朋友也是对手，轻松愉悦的学习氛围让我们对学习重新产生了兴趣。老师正确的指导让我们有了明确的目标，对未来也充满了期待。对于能被宁波大学录取，我充满感慨：真庆幸，那年夏天，我做了学习生涯中最正确的选择，来到了这里。"

李俊哲：现就读温州大学瓯江学院

李俊哲毕业于市实验学校，进入衢州中等专业学校时，中考分数是436.5分。聪明的他曾经学习不用心、懒散、玩手机上瘾。直到进入高三后，每次考试后班主任都会和他一起"复盘"，分析进步的地方，检讨不足的地方，鼓励他再加把劲，同时和家长保持联系和沟通，做好后勤保障。2019年高考，李俊哲以518分被温州大学瓯江学院录取。

"本来对儿子的学习没抱太大希望，没想到三年后会有这么大的一个惊喜。"收到录取通知书，李俊哲的父母喜极而泣地说："这所学校，来对了。"

二、更高质量就业　他们披荆斩棘，终获成就

学校紧紧围绕"1433"发展战略体系，精准服务美丽经济幸福产业和数字经济智慧产业，以职业需求为导向、以实践能力为重点，将点对点的校企合作升级为点对面的深层次合作，通过建好校外实训基地，优化人才供给。同时，加强政府、行业、企业、学校四方联动，紧扭"1+X证书"这个牛鼻子，深化与苏浙沪上市公司、世界500强企业及与本地骨干龙头企业、产业集群合作交流，提升产教融合、校企合作、育训结合水平，培养出一批批适应经济社会发展的高素质技术技能人才。

岳珍：创建民宿带动村民就业

岳珍从衢州中等专业学校财会金融专业毕业后，因爱好旅游，前往日

本及台湾地区游学，学习当地企业文化，并把先进理念引进家乡，创办了具有台湾地区民宿特色的"望城觅境"民宿，以利他、诚信、宾至如归的服务，赢得3 000会员的青睐，解决自己就业的同时，更成功带动了周边村民就业。

葛成勇：深耕建筑领域获成就

衢州中等专业学校2012级机电专业学生，毕业后就职于杭州优辰建筑设计咨询有限公司，在公司机电部门工作。他曾先后担任烟台开发区万达广场、杭州未来城万科二期、宁波德信东宸、衢州祥生花涧樾、衢州祥生观棠府、临海祥生君临府等BIM项目负责人。2017年，他被提拔为公司技术部副总监。

2018年，葛成勇自主创业成立"武汉汇创建筑设计咨询有限公司"，与中建二局、中建三局、金地集团、上海中骏集团、武汉福星惠誉等多家房地产公司合作。2019年年初，他担任金地凤凰城项目BIM技术顾问，6月参与南京仙林医院项目，和上海同济设计院一同设计优化PC预制构件。

祝建敏：创建车载冰箱领军品牌

祝建敏是衢州中等专业学校2001级计算机专业学生，现为金华敏科贸易有限公司总经理。

2004年，祝建敏毕业后，辗转于数家单位工作。随着互联网经济的兴起，他开始创业，在淘宝上开了一家经营小家电的店铺，掘到人生第一桶金。2009年，他创办了金华敏科贸易有限公司，2015年公司建立了宁波艾斯伯格电器有限公司。公司品牌"科敏"成为国内车载冰箱的领军品牌。2018年，冰箱销售量突破数十万台，销售额达九千余万元。

周冬兴：获评"衢州市百优工匠"

周冬兴是衢州中等专业学校2010级数控专业学生。2012年4月，他在学校的推荐下，到浙江通顺科技集团有限公司顶岗实习。2013年，衢州市举行数控车工职业技能竞赛，周冬兴拿到了衢州市第一名。

2014年2月，周冬兴就职于仙鹤股份有限公司。2016年，他被衢州市总工会授予"衢州市金牌职工"荣誉称号。同年，他在浙江省职业技能大赛车工竞赛中，荣获"浙江省技术能手"称号。2018年，他被衢州市总工会授予"衢州市百优工匠"称号，成为公司最年轻的工段长。

林慧慧：从中专走出的幼儿园园长

林慧慧是衢州中等专业学校2002级学前教育专业学生。2004年，她被学校安排到宁波市洞桥镇中心幼儿园实习，后回乡创办球川镇中心幼儿园。

2011年,她所创办幼儿园荣获"天翼杯""和谐常山·寻找身边的榜样"纪念奖;2012年,她又荣获"常电杯""和谐常山·寻找身边的榜样"纪念奖;2013年,她荣获全县幼儿园环境创设评比活动一等奖。2013年,球州镇中心幼儿园被评为浙江省二级幼儿园。

梦圆名校成"皓"器

人物档案：邱俊皓，男，衢州中专2008国际班学生，日本工业大学机械系统工学科专业研究生。

2008年，中考考了500多分的邱俊皓到衢州中专机电专业国际班就读。2011年秋季，他和其他3名同学一起来到日本工业大学，开始了一年预科（语言学习）、四年本科的学习。日本的大学十分注重实践操作，这让从中职毕业的他展现了优势。

"上课用的那些机器，我在中专时就用过，所以跟上实践课的教授很聊得来。"邱俊皓说，日本学校的古闲伸裕教授曾经到过衢州中专，对中专的实训设备和培训水平评价很高。

大三时，邱俊皓的不俗表现获得了古闲伸裕教授的青睐，他成了其麾下弟子之一，目前正在攻读研究生学位。邱俊皓说，从入读中专到进入日本知名大学，再拜到泰斗的门下，他有太多"不曾料到"，衢州中专国际化教育让他走得越来越远。

毕业后进入跨国企业 入职年薪18万 中职生的"蓝领"生活很精彩

跟邱俊皓一样，在中专国际化教育推动下越走越远的，还有同为第一届国际班学生的双胞胎兄弟刘森森和刘林林。

2008年中考，来自江山的双胞胎兄弟分数都上了普高线，最后因为留学梦选择到衢州中专一起入读"国际班"。2011年，兄弟俩一起进入日本工业大学学习。2018年，两人又一同进入日本知名跨国企业工作，并且第一年年薪就有18万元人民币。

在日本求学期间，兄弟俩平时兼职打工贴补家用，也没有因此耽误学习。大二时，刘森森还当选日本工业大学留学生会会长，出色的组织能力得到了校方的充分肯定。

"这要感谢在衢州中专两年多的求学时光。"刘森森说,在中专读书时,一直当班长,自己的各方面能力得到了锻炼。

优秀的品质和出色的专业能力,使得刘森森深受青睐,日本的教授多次希望他到自己门下攻读研究生,但他还是婉拒了。最后,教授推荐他和弟弟进入日本池上金型工业株式会社工作。

雄才不问出身，凡生可成大"器"

徐一笑，衢州中专 2016 届建筑工程施工专业（3+2 学制）毕业生，后顺利升入浙江广厦建设职业技术学院学习。2018 年通过"专升本"考试考入浙江海洋大学建筑环境与能源应用工程专业本科，2020 年考入浙江工业大学能源动力专业硕士研究生。

说起衢州中专的"3+2"，很多人都知道，这是中高职一体的学制模式，即前三年在衢州中专学习，后两年经考试合格升入合作高职院校完成大专学历教育。在一些人看来，"3+2"学制的学生可能只有 5 年的在校学习时间，大专学历就是最后学历了。其实并不是这样，优秀的衢州中专学子总有股不服输的劲儿，他们中的很多人早已用实实在在的努力自我证明，"3+2"也可以大于 5！有这样一位曾就读"3+2"的同学，最后考上了研究生。下面我们节选一位名叫徐一笑的同学给母校的一封来信，来认识这位同学。

徐一笑同学的来信（节选）

从母校衢州中专毕业已有四个多年头了，在学习上我也取得了一些成绩，这些成绩的取得，我想除了自己的那份执着与拼搏，还得益于母校老师、同学们的深远影响，是衢州中专为我的努力明确了方向，赋予了信心。

回想 2013 年中考后，鉴于当时房地产行业相当火爆，身边从事建设施工或者房地产方面的亲戚朋友发展得都很令人羡慕，在母亲的指导下我果断报考了衢州中专的建筑专业。记得开学前母亲教导我说，衢州中专是所很不错的学校，只要你用心学，将来肯定会有出息的！我觉得母亲说得有道理，我暗暗下决心，要好好冲一把了。

一初到中专校园，我就喜欢上这里了，走在美丽的校园里就像是在景区里一样。第一次见到班主任陈国庆老师，印象最为深刻的就是当时庆哥很严肃。开学第一天，大家就都明白了一个道理，中专这三年是不能混日子的，得拼！

庆哥班里，我第一感觉是奖惩制度非常完善。量化考核主要体现在德育、智育和体育上，奖惩清晰，让同学们各自发挥特长，去争取奖励。我本人在智育方面比较突出，当时成绩稳定在班级前五，专业技能方面也挺突出，参加过CAD省赛。每次上其他老师的课，庆哥总是亲自出马监督我们学习，我也因此丝毫不敢懈怠，更不用说上他本人的课了。在我准备考研复试的《材料力学》时，也会用到当时他教给我们的知识。除了学习外，班级还经常播放《新闻联播》《今日说法》这些节目，这些对我们都有着潜移默化的影响。

庆哥在我们去广厦之前其实教了我们很多，时常碎碎念想让我们多读点书。我记得最清楚的一段话是：孩子，我要求你读书用功，不是因为我要你跟别人比成绩，而是因为，我希望你将来会拥有选择的权利，选择有意义、有时间的工作，而不是被迫谋生。当你的工作在你心中有意义时，你就有成就感。当你的工作给你时间，不剥夺你的生活时，你就有尊严。成就感和尊严，会给你快乐！是这样一段话，对我后来的学习生活产生了很大的影响，我因此开始考虑我的职业生涯。我觉得自己还是太年轻，我去广厦学院时18岁，毕业了也才20岁，将来我想有选择用人单位的权利，而不是用人单位来选择我，于是我便考虑到了升学。

经过多方面的了解，在取得庆哥及父母的理解支持下，我开始了升学之路。我了解了统考全日制类别的升学考试，前提条件是应届专科毕业生，也就是说我有两年的时间去着手准备，我想试试。头一年我在不影响自己功课的情况下，每天去学校图书馆自学，坚持不带手机去。因为我的文化课基础不好，我将学习内容碎片化地写在纸条上，督促自己必须完成这些任务。对当时的我来说，考高数和英语这两门简直是要了我的命，好在关关老师的数学课很精彩，我还真学到了许多。但我清楚差距非常大。于是我每天早上天稍亮就起来去学校行政楼一楼大厅背单词，吃完午饭就去图书馆学习数学，下午3点结课以后我依旧会出现在图书馆直至闭馆。在这样的状态下持续了一年多。

我的本科阶段得益于早已养成的良好学习习惯，感觉学习还是比较轻松的，还获得了浙江省政府奖学金、三好学生、优秀学生一等奖学金等。

研究生阶段我想多发论文多拿专利，这算是我短期的目标吧。我的长期目标是体现更大的自我价值，产生更大的社会贡献，做自己想做的，成为自己想成为的那种人，这是庆哥教给我的。

感谢母校衢州中专，感谢庆哥，感谢2013级建筑大专班的全体同学，我会继续努力，积极践行衢州中专的校风：勤学勤思立常志，向上向善成大器。

筑梦成"器"当林魂

人物档案：林魂，本名林佳奇，浙江衢州人，衢州中专 2004 级美术高考班学生，浙江理工大学科技与艺术学院动画专业毕业。现自主创业，成立工作室。2020 年主创《雾山五行》爆红网络。

少年露头角，学成归母校

2014 年，林佳奇回到母校衢州中专，与其他四位同学一起举办了"美高十年五人作品展"，掀起不小的波澜，还吸引了权威媒体专题报道。

在这一届画展中，2004 级美高班林佳奇的动画、徐超的国画、陆颖的当代艺术，王旭的设计和 2006 级美高班余鲁超前的素描，都独具特色，达到较高的艺术水准，他们都成了美术专业学生们崇拜的对象。

在与学弟学妹们的互动沙龙中，林佳奇对提问的学弟说，相信自己一定会在动漫领域做出自己的贡献。

林佳奇的专业课导师沈振拯老师回忆说，佳奇刚入校的时候就表现得很要强，各方面都比较突出，是班里的班长。对待学习他特别用心，是画室里的常客，废寝忘食的那种，一点就通。较有个性，有自己的想法，有股倔劲儿。

他曾参加浙江省第七届职业学校工艺美术专业学生绘画技能比赛，获得二等奖，还代表衢州市中学生与日本友好城市学生代表团交流，为他们现场肖像剪纸表演，赢得掌声不断。

为国漫注入"林魂"

"国漫崛起"一直是被人津津乐道的话题，近几年国漫业发展越发蓬勃，无数精彩绝伦的国漫作品出现在大众的视野内。要说近期最火爆的国漫作品，自然就是刷爆各大网站由林魂主创的《雾山五行》了。

动漫剧《雾山五行》在 bilibili 网站（B 站）独家首播，开场没几分钟，网友们的弹幕开始疯狂，满屏飞出的字幕都打着"有生之年""且看且珍惜"……好评霸屏的节奏很是凶猛，且愈演愈烈。

首播激荡的涟漪还在不断扩散，豆瓣网对《雾山五行》的评分高达 9.3 分。动漫迷们一片赞誉："口碑炸裂，国漫爆款""国漫又一巨作来临，中国硬核武侠风""60 年了，国漫终于回归真诚""每一帧都是国画"……易小星等人士纷纷力荐这部网络动画作品，要知道当时这部作品也才更新到两集而已，总共加起来也就一个小时左右，但只放出第一集便已冲上 B 站国创区排行榜首位。

《雾山五行》是一部手绘玄幻动画剧，故事背景设定在妖兽横行的上古时期，一位神秘的道人向金、木、水、火、土五个家族传授阴阳五行的特殊能力，五行使者联合将妖兽赶到神隐雾山之中，封印后分别守在雾山的五个出口，设立结界，担任守护之责。

精良的质感和惊艳的美术视效已然俘获众多拥趸。该剧整体采用了中国水墨画的美术风格，观众神游其间，既能寻找到致敬张大千的泼墨踪迹，又能感受到工笔画的绚烂色彩。

和剧集一起登上热搜，收获粉丝无数的，还有该剧的导演、出品人、原画、脚本、动作设计、分镜、声演、主题曲演唱等 10 多个身份，被戏称为"一人撑起一部剧"的林魂。截至 8 月 5 日中午，《雾山五行》在 B 站的播放总量已经超过 2350 万，追番人数（注：追剧和收藏）超过 218 万人。

再出发，我们真诚祝福这个充满艺术灵气的大男孩和他的六道无鱼工作室尽展才华，逐梦成器！

参考文献

[1] 王禾玲. 从能力本位走向核心素养：职业教育课程改革的理性选择[J]. 陕西教育（高教），2018（4）：55-56.

[2] 罗金凤，王瑛. 基于职业发展的中职学生核心素养的研究与培养[J]. 素质拓展，2017（23）：57-58.

[3] 胡钰凤. 实践求真知，活动育工匠：基于综合活动的中职旅游专业学生核心素养教育的实施[J]. 中国校外教育，2017（13）：146-147.

[4] 西部素质教育编辑部. 素质教育之核心素养[J]. 西部素质教育，2017（15）：8-9.

[5] 辛涛，姜宇，刘霞. 我国义务教育阶段学生核心素养模型的构建[J]. 北京师范大学学报（社会科学版），2013（1）：5-11.

[6] 王丽娟. 中职学生学习态度的现状分析及影响因素的调查研究[J]. 读与写（教育教学刊），2017（11）：233.

[7] 薄祥亮. 中职学校学生公约核心素养的养成[J]. 职教通讯，2016（32）：79-80.

[8] 刘国飞，张莹，冯虹. 核心素养研究述评[J]. 教育导刊，2016（3）：5-9.

[9] 甄德西. 青年志愿服务发展实践[J]. 山西经济管理干部学院学报，2018（4）：9-12.

[10] 孔祥楷. 文化漫谈[M]. 上海：华东师范大学出版社，2015.

[11] 应恩民. 职教改革的成功实践：华康清职教思想文集[C]. 北京：北京教育出版社，2007.

[12] 应龙泉. 匠心独运：中职教师教育教学实践能力提升研究[M]. 杭州：浙江教育出版社，2017.